GÉNÉALOGIE

DE LA MAISON

DE LUPÉ ,

Extraite du tome IV de l'Histoire généalogique et héraldique des Pairs de France , des Grands Dignitaires de la Couronne , des principales familles Nobles du royaume et des Maisons princières de l'Europe.

PAR **M.** LE CHEVALIER DE **COURCELLES** ,

ANCIEN MAGISTRAT, L'UN DES CONTINUATEURS DE L'ART DE VÉRIFIER LES DATES ,

TOULOUSE ,

IMPRIMERIE PAUL SAVY ET V⁰ SENS ,

ALLÉE LOUIS-NAPOLÉON , 10 BIS.

—

1862

DE LUPÉ,

SEIGNEURS, PUIS BARONS , COMTES ET MARQUIS DE LUPÉ, SEIGNEURS DE LA MOTTE-POUILLON , DE BONNEFONT, DE TORREBREN , DU GARANÉ, MARQUIS DE BESMAUX , SEIGNEURS DE MONTLAUR , DE MARAVAT , DE LASSERAN , DE TAYBOSC , DE GENSAC , DE GARIÈS, DE CASTILLON, BARONS D'ARBLADE, DE TINGROS , etc., *en Guienne* et au *pays de Foix.*

ARMES : *D'azur , à trois bandes d'or. Couronne de marquis. Supports : Deux loups.*

La maison DE LUPÉ * , d'ancienne chevalerie du comté d'Armagnac , figurait parmi les plus illustres races de la Guienne , dès le milieu du dixième siècle , époque à laquelle l'hérédité des noms commençait à se fixer dans les familles. D'antiques traditions perpétuées dans cette province la font descendre d'un puîné des anciens ducs de Gascogne, ou , suivant d'autres , des vicomtes héréditaires de Marsan et de Louvigny , dont les

---

* Le nom DE LUPÉ est diversement écrit dans les plus anciens titres latins et français. On lit dans les premiers *Lupi, de Lupo , Lupati, de Luperio, de Luppo, Luppi, de Leypodio, de Leopodio, de Leypio, Leypii,* etc. Dans les titres français et vulgaires on trouve *de Louppé , de Lupey , de Lype , de Lyppe , de Leyppée , de Lupoy , de Luppé* et *de Lupé.* Ces deux dernières orthographes ont prévalu depuis trois siècles , et plus particulièrement celle de *Lupé,* qu'on a cru devoir adopter dans tout le cours de cette généalogie.

premiers auteurs portaient communément le nom de Loup, *Lupus*, Loup-
Sanche, Loup-Centule, Guillaume-Loup, Loup-Anner Fortanier, etc.,
etc. (Voyez *Oihenart et les Chroniques d'Auch*.) On assure qu'une inscrip-
tion trouvée dans les ruines du château de Lupé (1), dont cette maison
était en possession dès avant 1070, et déposée aux archives par **M.** le
duc d'Antin, gouverneur de la province, apprend que ce château avait
été bâti par un des fils de Loup-Centule, duc de Gascogne, et sur l'emplacement d'une cabane qui avait servi d'asile à ce prince, lorsque, dépouillé
de son duché par Louis le Débonnaire, en 819, il se retira en Espagne,
vers Alphonse le Chaste, roi des Asturies (2). Ce château, et la terre de
même nom qui en dépendait, relevaient à foi et hommage des comtes
d'Armagnac (3), et la maison de Lupé n'a cessé d'en jouir qu'en 1578,

---

(1) Ce château était situé au milieu d'une forêt, à une lieue **E. N. E.** d'Aire, en bas
Armagnac. On remarquera à ce sujet qu'une autre terre de Lupé en Forès, située à
trois lieues **S. S. O.** de Condrieu, au diocèse de Vienne, était possédée, au quatorzième
siècle, par une maison distinguée, ayant alors pour chef Raoul ou Rodolphe, seigneur
de Lupé, lequel souscrivit à Avignon, le 30 novembre 1363, un traité de ligue contre
les grandes compagnies, avec le cardinal de Cabassole, Foulquet d'Agoult, seigneur de
Sault, grand-sénéchal de Provence, Aimar de Poitiers, comte de Valentinois, Louis de
Poitiers, évêque de Valence, et Amédée, comte de Savoie. *(Histoire du comté Vénaissin,
par Pithon-Curi*, t. III, p. 256.) On ignore si cette maison de Lupé, en Forès, éteinte
à la fin du même siècle, était un rameau des anciens seigneurs de Lupé, en Armagnac.
Les Lupé de Forès prétendaient du moins à cette origine, si l'on en juge par leurs
armoiries, qui ne différaient en rien de celles de la maison de Lupé. Quant à la terre de
Lupé, à laquelle ils avaient pu donner leur nom, elle était possédée, au quatorzième
siècle, par la maison de la Folatière, en Dauphiné. Louise de la Folatière, dame de
Lupé, fille et héritière de Hugues de la Folatière, chevalier, seigneur de Lupé, épousa
Gaston de Gaste, bailli de Vivarais. Leurs décendants unirent le nom de Lupé à celui de
Gaste, et partirent leur écu des armoiries des deux maisons. Enfin la terre de Lupé était
possédée par la maison de la Beaume-Suze en 1631.

(2) On sait que Loup-Sanche avait laissé en France deux fils, Donat-Loup, établi
comte de Bigorre vers 820, et Centulfe, auteur de la première race des vicomtes de
Béarn, éteinte en 1134. On observe que le nom de Donat a été commun à deux des
premiers auteurs de la maison de Lupé.

(3) La maison de Lupé, dans les différentes preuves qu'elle a faites au cabinet des
ordres du Roi, a produit une série d'hommages rendus aux comtes d'Armagnac par les
seigneurs de Lupé, depuis l'année 1319 jusqu'en 1578, sans interruption.

époque à laquelle elle les a cédés , par transaction , à la maison de
Montlezun.

Donat DE LUPÉ *(Lupi)* , Ier du nom , le plus ancien sujet de ce nom
que les chartes fassent connaître , vivait sous le règne du roi Lothaire.
Par acte du 16 des calendes de juillet (le lundi 16 juin) 956, promulgué
en présence de Raimond , comte de Toulouse, Donat de Lupé fit donation,
du consentement de Benoîte, sa femme, du lieu de Fusanes, dans le
comté d'Armagnac, à l'église et aux religieux de Sainte-Marie d'Auch.....
« *In Dei nomine ego Donatus* Lupi, *atque uxor mea Benedicta, donamus*
» *aliquid de hereditate nostrá , propter justitiam et abolitionem delictorum,*
» *quæ est allodium in pago Auscienci, in loco qui vocatur Fusanes vel*
» *Engaldo.... in proprietatem Sanctæ-Mariæ , atque suis Clericis, ibidem*
» *Deo servientibus.... hæc donatio fuit facta* XVI *calendas julii ,*
» *feria* II , *anno* 956, *tempore Leutarii regis. Sigillum Donati* Lupi.
» S. *Benedictæ.* S. *Raymondi, comitis Tolosæ , qui fuit missus, præsente*
» *quo scribebatur cartha.* S. *Lupi* Ademari , S. *Aurioli, abbatis.* »
(Cartul. Ausc., cap. 25 ; D. Brugèles , Chroniques ecclés. d'Auch, p. 76,
et preuv. p. 15.)

Donat DE LUPÉ , IIe du nom, très-probablement fils du précédent , fut
témoin, avec Odon DE LUPÉ, à la donation faite, vers l'an 1020 (1), par
Raimond , seigneur de Saint-Ferréol, en Comminges, de l'église de ce
lieu à Othon d'Astarac, archevêque d'Auch, à son église et ses chanoines....
« *Dictante Otho, sanctæ Ausciæ sedis archiepiscopo , ego Raymundus ,*
» *et cuncti germani mei Ludovicus, Ademarus, Garcia, Amelius, filii*
» *Enardi, etc.... isti sunt testes. Signum Bernardi.* S. *Guillelmi.* S.
» *Garciæ.* S. *Alecio.* S. *Donato* Lupo. *Et isti visores, Atto-Sancio, Oddo*
» *Lupo, Raymundo, Garcia, Larcenado, Lupo-Aner.* » (D. Brugèles ,
ibid., p. 81, et preuv. p. 17.) L'ordre des temps permet de croire que
Donat-Loup ou Odon de Lupé eut pour fils :

1° Arsieu, dont l'article suivra ;
2° Fort de Lupé, qui, vers l'an 1048, fit donation pour le salut de son âme et

_____

(1) Cette charte, sans date, a été placée par la Chesnaye des Bois à l'année 988 : mais
on a préféré l'opinion de M. Chérin, qui la rapporte à l'année 1020 ou environ.
(*Preuves pour les honneurs de la cour, faites en* 1784.)

de celles de sa femme et de ses enfants, aux religieux du monastère de Saint-Mont, de l'église de Saint-Martin d'Urgons, près de Lupé, en Armagnac. Il eut pour fils :

A. Guillaume de Lupé, qui, étant sur le point d'aller en pèlerinage à Saint-Sernin de Toulouse, fit donation, vers l'an 1080, au monastère de Saint-Mont, de l'église d'Aunian *(encore aujourd'hui succursale de Lupé)*, qu'il avait acquise de Bernard d'Urgosse, avec toute la seigneurie qui lui appartenait au même lieu ;

B. Sanz ou Sanche de Lupé, qui, uni à *Foquilène*, sa femme, et à Guillaume et Forton, leurs fils, fit donation, vers l'an 1078, aux religieux du monastère de Saint-Mont, de son aleu du Fourc, situé au lieu de Saint-Lupère ; acte qui fut souscrit par Géraud, comte d'Armagnac, et par le comte Arnaud, son frère (1). Sanche n'eut probablement que les deux fils nommés dans cette charte, savoir :

a. Guillaume de Lupé,　⎰
b. Forton de Lupé,　　⎱ dont la destinée ultérieure est ignorée.

Arsieu DE LUPÉ assista, vers l'an 1048, à une donation faite aux moines de Saint-Jean de Saint-Mont, par Fort de Lupé, et lui-même en fit une au même monastère, vers l'an 1060, conjointement avec Rose, sa femme, et Arnaud, son fils, de deux mas situés au village de Margaux, près Castelnau en Médoc. *(Archives do l'abbaye de Saint-Mont)*. Il paraît avoir eu pour enfants :

1° Arnaud de Lupé, qui suivra ;

2° Bernard de Lupé, chevalier, qui fit donation, vers l'an 1066, au monastère de Saint-Mont, d'un paysan, nommé André, avec sa terre. Vers l'an 1080, il fut en contestation avec Arnaud, abbé de Saint-Sever, au diocèse d'Aire, au sujet d'une partie du village de Morgans que Bernard de Lau *(de Aquâ)*, son oncle, avait cédée, vers l'an 1060, à Grégoire, abbé du même lieu, prédécesseur d'Arnaud. Peu de temps après, Bernard de Lupé termina ce différend, par traité fait avec l'abbé *Suavius*, successeur d'Arnaud, et offrit Pierre de Lupé, son fils, pour être religieux au même monastère de Saint-Sever ;

3° Guillaume-Bernard de Lupé, chevalier. Il fut témoin à une donation faite, vers l'an 1066, au monastère de Saint-Mont, par Guillaume-Fédac, vicomte de Corneillan ;

_____

(1) *L'art de vérifier les dates* ne cite sur Géraud II, comte d'Armagnac, qu'une seule charte de l'an 1073.

4° Navarre de Lupé, femme de Pons *de Pardaillan*, seigneur de Gondrin. Elle fit son testament en 1070. *(Histoire des Grands-Officiers de la Couronne*, t. V, p. 174.)

Arnaud DE LUPÉ fut du nombre des chevaliers et gentilshommes du comté d'Armagnac, qui assistèrent à la consécration de l'église de Nogaro, faite le 18 juillet 1060. *(Dict. de la noblesse*, in-4°, *par la Chesnaye des Bois*, t. IX, p. 206.) Arnaud consentit la donation, faite vers l'an 1060 (et non vers 1069, comme le rapporte le même auteur), par Arsieu de Lupé, son père, aux moines de Saint-Jean de Saint-Mont.

Raimond DE LUPÉ peut être issu de l'un des fils de Sanche de Lupé, mentionné plus haut. Il fit, en 1157, une donation à l'abbaye de Berdoues, diocèse d'Auch, et est nommé dans deux chartes des années 1160 et 1170 *(ibid.*, p. 207.)

Marie DE LUPÉ fut mariée, vers l'an 1250, avec Geraud *de Corneillan*, seigneur de Vernède *(ibid).*

Guillaume DE LUPÉ, abbé de Bonnefont au diocèse de Comminges, en 1283 *(Gallia Christ.*, t. I, col. 1116). La Chesnaye des Bois assure (mais sans citer aucune autorité) que cet abbé avait donné, en cette qualité, des lois et des coutumes aux habitants du lieu de Fréchet, dès l'année 1266.

Raimond DE LUPÉ fut abbé de Berdoues en 1270, et mourut le 17 juin 127... *(ibid.*, col. 1022.)

Étienne DE LUPÉ, abbé de la Caze-Dieu, au diocèse d'Auch, reçut, le 1er septembre 1274, une donation que lui fit Pierre de Merens, damoiseau. Le 30 novembre 1285, il intervint une sentence arbitrale au sujet d'un différend qu'il avait avec Raimond-Bernard de Gelhas, relativement au casal de Branet. Il transigea, au mois d'avril 1287, avec Guillaume de Podenas, chevalier, pour mettre fin à la contestation qui existait entr'eux au sujet du territoire du Port et de Fontailles, et passa une seconde transaction avec Thibaut de Peyruce, seigneur des Angles, au mois de juin 1190. On croit qu'il est le même qu'Étienne, surnommé *Lupati*, à qui Arnaud-Guillaume de Montlezun, comte de Pardiac, accorda, en l'année

1287, plusieurs priviléges, entr'autres le droit de passage sur ses terres à l'instar des chevaliers du comté de Pardiac-Étienne *Lupati de Sancto-Johanne*, comme porte le nécrologe de la Caze-Dieu, mourut le 7 des calendes d'août 1301. L'ordre des temps permet de croire qu'il était frère des cinq qui suivent :

1° Fortanier de Lupé, le premier depuis lequel la filiation s'établit sans interruption, et dont l'article suivra ;

2° Arnaud de Lupé, ⎫
3° Odon de Lupé, ⎬ damoiseaux, vivant en 1278 et 1282 ;

4° Montassin de Lupé, chanoine de l'abbaye de la Caze-Dieu en 1278;

5° Loup de Lupé, chevalier, vivante le 3 janvier 1305.

I. Fortanier DE LUPÉ, chevalier, seigneur de Saint-Jean-Poutge, en Fezensac, et du fief d'Aunian, dans la paroisse de Lupé (1), passa un compromis, au mois de janvier 1278 (*v. st.*), de concert avec Arnaud et Odon de Lupé, damoiseaux, et Montassin de Lupé, religieux à la Caze-Dieu, ses frères, d'une part, avec l'abbé et les religieux du même monastère, au sujet de la division et des limites des terres qu'ils possédaient en commun dans les lieux de Saint-Jean-Poutge et de Sarrambat. Fortanier fut témoin, avec les mêmes Arnaud et Odon de Lupé, de la ratification que firent, au mois de janvier 1282 (*v. st.*), Pierre et Bernard de Sabazan, frères, de quelques acquisitions que Bernard de Sieurac, chevalier, avait faites d'Etienne de Lupé, abbé de la Caze-Dieu, ainsi que d'un affranchissement que le même Étienne avait fait au mois de novembre précédent. Fortanier fut du nombre des barons et gentilshommes du comté de Fezensac, qui passèrent procuration, le 7 janvier 1285 (*v. st.*), à Barthélemi de Cailhavet, chevalier, et Odon de Pardaillan, damoiseau, pour, en leur nom, renouveler les anciennes libertés, coutumes et priviléges, qui avaient été accordés aux seigneurs et nobles de ce comté, par Bernard, comte d'Armagnac, et par feu Guiraud d'Armagnac, père de ce comte, et

_____

(1) On ne donne pas ici à Fortanier le titre de *seigneur de Lupé*, quoiqu'il ne paraisse pas douteux qu'il fut possesseur de cette seigneurie; mais, comme on n'a pas pu encore se procurer l'acte d'hommage qu'il rendit au comte d'Armagnac, on a préféré attendre la communication de cette pièce importante.

pour les accepter et jurer aussi en leur nom. Fortanier de Lupé fut encore témoin d'une sentence arbitrale, qui avait été rendue le 30 novembre de la même année 1285, entre Raimond-Bernard de Gelhas, et Étienne de Lupé, et de celles des mois d'avril 1287 et juin 1290, rendues entre le même Étienne de Lupé, Guillaume de Podenas et Thibaut de Peyruce. Il passa un compromis le 1er mars 1296 (*v. st.*); et, par acte du 5 février 1305, passé en présence de Loup de Lupé, son frère, il donna des coutumes aux habitants de sa terre de Saint-Jean-Poutge. On ignore l'année de sa mort, qui est marquée au mois de décembre dans le nécrologe de l'abbaye de la Caze-Dieu, à laquelle il avait fait don de l'église et de la terre de Pontfornor, et d'un emplacement pour bâtir les moulins de Saint-Jean-Poutge et d'Aunian. L'ordre des temps et des lieux autorise à croire Fortanier père des trois fils qui suivent :

N...

1° Carbonnel Ier, qui continue la descendance ;

2° Jean de Lupé,
3° Bernard de Lupé,

de *Luppanis*, qui furent présents, le 3 mai 1325, au contrat de mariage de Pierre de Fages, chevalier, avec Anne de la Barthe, fille de Bérenger de la Barthe, damoiseau (1).

II. Carbonnel (2), Ier du nom, seigneur DE LUPÉ, damoiseau, rendit hommage, le mardi avant la fête de Saint-Laurent (7 août) 1310, à Jean, comte d'Armagnac, pour ses château et châtellenie de Lupé, sous la redevance d'un fer de lance doré. Cet acte fut passé en présence de Roger d'Armagnac, évêque de Lavaur, oncle du comte, d'Othon de Massas, d'Audebert de Mascaron et de Pierre de Berglusses, chevaliers, de Guillaume-Arnaud de Jaulin, d'Arnaud-Guillaume d'Armagnac, de Jean d'Armagnac, seigneur de Termes, damoiseaux, et de plusieurs autres seigneurs. En 1323, Carbonnel de Lupé, *écuyer du comte d'Armagnac*, attaqua pour une dette le sire de Paulmy, *bannebergen* de Voyer, devant le tribunal des

N...

---

(1) Archives de M. le comte de Beaufort, vicomte de Cumont.

(2) On a cru devoir traduire *Carbonnellus* par *Carbo et*, et non par *Carbon*, comme l'ont fait plusieurs auteurs.

plaids de la Porte. *(Généal. Tourangelles, par le prieur de Noyers, t. II, p. 201).* Carbonnel Ier eut, entr'autres enfants :

1° Carbonnel II, qui suit ;

2° Bernard de Lupé ,   ⎰ hommes d'armes de la compagnie de Thibaut de Bar-
3° Mengon de Lupé ,   ⎱ bazan en 1352. Bernard a formé la branche des *sei-*
4° Manaud de Lupé ,   *gneurs de Gensac* , puis *de Haumont* et *de Gariés* ,
                                 mentionné en son rang.

III. Carbonnel, IIe du nom, seigneur DE LUPÉ , d'Aunian , de Franlin , etc., écuyer, servait avec ses frères en qualité d'homme d'armes de la compagnie de Thibaut de Barbazan, chevalier banneret , laquelle fut passée en revue à Condom, pour servir contre les Anglais, le 28 septembre 1352. Il eut deux fils :

1° Raimond-Guillaume, dont l'article suit ;

2° Gaillard de Lupé , écuyer du comte d'Armagnac. Ce prince, pour récompenser ses services, lui fit donation de la terre de Lasserade, à une lieue et demie de Plaisance, avec toutes justices, par lettres données au château de Gaye , le 27 (*alias* 20) mai 1390. Le 2 septembre 1395, Gaillard de Lupé fit son testament , par lequel, entr'autres clauses, il substitua Raimond-Guillaume, son frère, à Bernard de Lupé, son neveu, fils du testateur. Il avait épousé Hibète *de Lavardac,* qui fut mère de deux fils et d'une fille :

    A. Bernard de Lupé , écuyer d'écurie du roi , capitaine de gens d'armes et de trait, lequel fut témoin du testament de Manuel de Barbazan, du 17 mars 1403 (v. st.) Il fit hommage au comte d'Armagnac , le 11 juin 1409 , de la terre de Lasserade, et donna plusieurs quittances scellées de son sceau , chargé de *trois bandes, avec une molette en chef à senestre ,* pour ses appointements militaires et ceux de 14 écuyers de sa compagnie, en 1415, 1418, 1423 et 1425. On voit par la première de ces quittances qu'il avait été destiné à accompagner le roi en sa bonne ville de Paris, faisant partie de la garde de la personne du monarque. Bernard de Lupé fit son testament vers l'an 1448 *(pièce presque illisible par son état de vétusté et de lacération, aux manuscrits de D. Villevieille, à la Bibliothèque du Roi.)* Il fait mention de feu noble Gaillard de Lupé, son père; nomme légataires noble Miramonde *de Jussan,* sa femme, Gaillard de Lupé , son frère-germain, et Navarre de Lupé , sa nièce, institue son héritière universelle Comtesse de Lupé, sa fille unique, femme de Bernard, seigneur de Lupé, son cousin, et lui substitue Carbonnel , Jean et Navarre de Lupé , leurs enfants, ses neveux et nièce à la mode de Bretagne ;

    B. Gaillard de Lupé, né posthume, légataire de son frère vers 1448 ;

    C. Agnès de Lupé, femme de noble Vezian *de Masserie* seigneur de Gramont, en Astarac.

IV. Raimond-Guillaume, seigneur DE LUPÉ, d'Aunian et de Franlin, en Armagnac, de la Barrère et de Castelnau d'Auzan, près de Torrebren, en Condomois, assista au contrat de mariage de Géraude de Lupé, sa fille, avec Auger, seigneur de Lau, le 1er octobre 1380, puis à la prise de possession de la terre de Lasserade par Gaillard de Lupé, son frère, le 27 mai 1390. Il fut substitué par le même Gaillard à Bernard de Lupé, son neveu, le 2 septembre 1393, et est rappelé comme défunt, avec Salezie ou Salaisie DE LAVARDAC, sa femme, dans une cession faite par Jeanne de Lupé, leur fille, à Carbonnel de Lupé, son frère. Carbonnel est le seul enfant mâle de Raimond-Guillaume, nommé dans les titres, mais on croit qu'il eut au moins quatre fils, outre deux filles citées dans les actes, lesquels vivaient tous dans le même temps et les mêmes lieux, savoir :

DE LAVARDAC : d'azur, à la molette d'éperon d'argent.

1° Carbonnel III, dont l'article viendra ;

2° Pierre, *dit* Perron de Lupé, chevalier, qui commandait, en 1415, une compagne de 12 écuyers, pour les appointements de laquelle, y compris les siens, il donna quittance de 260 livres tournois le 1er janvier de cette année (1416, nouveau style). Son sceau apposé à cet acte représente *trois bandes* et a pour *cimier une tête de Licorne*, sceau absolument semblable à celui de Carbonnel III de Lupé, dont on parlera ci-après. Pierre de Lupé fit montre à Sancerre, le 14 Juin 1418, avec onze autres écuyers de sa chambre. Les 1er avril et 31 août de l'année suivante, il donna quittance à Hémon Raguier, trésorier des guerres du roi et du régent du royaume de deux sommes de 30 et de 840 livres tournois, tant pour le défrayer des dépenses qu'il avait faites pour aller à Soissons vers M. de Barbazan, que pour paiement de sa solde militaire et de 19 autres écuyers et 92 sergents, en tout 110 hommes de guerre qu'il avait sous ses ordres, et qui servaient avec lui sous MM. de Barbazan et Tannegui du Châtel. Le même Pierre de Lupé était, en 1420, capitaine (gouverneur) de la place de Montaigu. En 1421, il fut l'un des principaux chefs qui défendirent vaillamment la ville de Meaux pour le Dauphin, contre les Anglais. Dans une des brillantes sorties que firent les assiégés, Pierre de Lupé fit prisonnier le comte Conversan, frère de Jean de Luxembourg, capitaine-général en Picardie. Ce dernier vint négocier dans la ville la rançon de son frère, avec Perron de Lupé, auquel elle devait être payée au terme fixé. (*Histoire de Charles VI, par le Laboureur, prieur de Juvigné*, t. II, p. 157, ch. 113.) Mais après une défense vigoureuse, la ville de Meaux ayant été forcée de se rendre, Perron de Lupé fut chargé avec plusieurs autres capitaines d'en régler la capitulation avec le duc d'Excester et les comtes de Warwick et de Conversan. Il fut stipulé, entr'autres

choses, que ce dernier demeurerait quitte de la rançon qu'il devait à Perron de
Lupé, et que celui-ci, ainsi que Guérard de Cissé, Philippe de Gamaches et Jean
d'Aunay, auraient la vie sauve, lorsqu'ils auraient remis toutes les forteresses
qu'eux et leurs gens occupaient dans le royaume. En vertu de cette clause, Perron
de Lupé remit la forteresse de Montaigu, qui, par l'avantage de sa position, avait
jusqu'alors contenu les ennemis dans une étendue de pays considérable, et occa-
sionné de grands dommages aux villes de Reims, de Laon et aux pays environ-
nants. (*I bid.*, p. 160 et 161). En 1422, Perron de Lupé était capitaine de gens
d'arm. s et de trait. Il était prisonnier des Anglais vers la fin de cette même année
(*Rôles français et garçons, déposés à la tour de Londres*, t. I, p. 349 ; t, II ,
p. 248). Il paraît être mort sans postérité ;

3° Amanieu de Lupé, de qui noble Arnaud de Malartic, seigneur de Suberbie et de
la Motte-Girard, demeurant à Vic-Fezensac, déclara que lui et son père avaient
acquis certains fiefs situés au lieu de Demeu *(de démulio)*, en la paroisse de Lau
(de Aquà), des deniers de Géraude de Mercier, femme du même Arnaud (*Arch.
du château de Batz, acte coté B, liasse I*, n° 7). On ignore sa destinée ultérieure.

4° Gui de Lupé, écuyer, qui, le 27 décembre 1425, assista à la séance du parlement
tenue à Poitiers, dans laquelle Hugues, sire d'Arpajon, chevalier, désavoua les
choses injurieuses qu'il avait écrites, dans la chaleur du ressentiment, à Amaury
seigneur de Severac, maréchal de France. (*Bureau des finances de Montauban,
papiers inventoriés*, n° 225) ;

5° Géraude de Lupé, mariée, par contrat passé au château de Cremens, près Nogaro,
le 1er octobre 1380, avec noble Auger *de Lau (de Lauro)*, seigneur de Lau en
Armagnac. Elle eut en dot 700 florins d'or de France, avec un lit et des habits
nuptiaux. Cette constitution dotale fut faite par son père, nommé dans l'acte *de
Leypodio*, et par nobles Guillaume, seigneur de Saint-Martin, Jean, seigneur de
Bourouilhan, et Bernard, seigneur *de Leuca*, en présence de Bernard de Béthon ;
6° Jeanne de Lupé, qui céda ses droits à Carbonnel, son frère, le 14 décembre 1407.

V. Carbonnel ou Carbon de Lupé, III° du nom, chevalier, seigneur de
Lupé, de la Barrère, de la Serade, de Cremens et de Castelnau d'Auzan,
près Torrebren, reçut, par acte passé à Condom le 12 décembre 1407,
la cession que Jeanne de Lupé, sa sœur, fit en sa faveur de tous ses droits
aux successions de ses père et mère, moyennant la somme de 100 florins
d'Aragon, un lit, une tasse, un couvert d'argent, etc., en présence de
Bernadat de Bethon, d'Arnaud-Raymond de Vernède, seigneur d'Arblade-

Comtal, de Jean de Cremens, seigneur d'Espaignet, etc. Le 29 août 1408,
en qualité de curateur des enfants de Gaillard de Lupé, seigneur de Lasserade, son oncle, il donna quittance de la somme de 100 florins à Géraude
de Lupé, sa sœur. En 1413, il commandait une compagnie de 19 écuyers
sous les ordres du comte de Sichemont, puis, en 1420, une autre compagnie de 14 écuyers; et il donna le 14 février de la même année et le 10
avril 1421, deux quittances de ses appointements militaires, qu'il scella
de son sceau, représentant 3 *bandes*, *avec une tête de Licorne pour cimier*.
Carbonnel est très-vraisemblablement le seigneur de Lupé, que Mézeray
dit être l'un des serviteurs et affidés qui se tenaient, en 1418, auprès de
la personne du Dauphin, depuis Charles VII, pour s'opposer aux entrepri-
ses du duc de Bourgogne contre ce prince. Le 29 août 1419, il fit, à Nogaro, un hommage au comte d'Armagnac, à cause de son comté de Fezensac,
pour ses terres et seigneuries de Lupé et de Cremens, dont il avait reçu
l'investiture, et le même jour il fit un second hommage à raison des dîmes,
oublies, lods et vente, acapte, etc., qu'il avait dans les baronnies d'Auzan
et de la Barrère : actes auxquels furent présents Auger, seigneur de Lau,
Jean de Pardaillan, seigneur de Paujas, Raymond-Pierre Rafin, chevaliers,
etc. Enfin le 4 Juillet 1434, il fit son testament, par lequel il élut sa sépulture dans l'église de Cremens, et nomma pour exécuteurs de ses dernières volontés Manaud de Lau, chevalier, Carbonnel de Lau, chanoine de
Nogaro, Jean de Cremens, seigneur d'Espaignet, et Nicolas de Cremens,
chanoine. Il avait épousé 1° Esclarmonde DE LAU; 2° Navarre DE MARAVAT,
sœur de Marguerite, dame de Maravat. Ses enfants furent :

DE LAU :
parti au 1 frété, au
2 trois bandes.

DE MARAVAT :
d'argent, au pal d'a-
zur.

Du premier lit :

1° Bernard 1er; qui suit;

2° Bertrand de Lupé, auteur des *Seigneurs du Garané*, et *de Lasseran*, mentionnée en son rang;

3° Honorée ou Honorète de Lupé, à laquelle son père légua 500 florins;

Du second lit :

4° Jean de Lupé, dont descend la branche des *seigneurs de Maravat*, rapportée
plus loin;

5° Carbon ou Carbonnel de Lupé, seigneur de la Lanne, près Fleurance, qui laissa
d'Esclarmonde *de Prignan*, sa femme;

A. Carbonnel de Lupé, homme d'armes de la compagnie de Martin-Henric de Castelle, sénéchal de Saintonge, en 1451 et 1460.

B. Jean de Lupé, écuyer, seigneur de la Lanne, époux de Jeanne *de Tronsens* dont il eut :

    a. François de Lupé, dont le sort est inconnu ;
    b. Jeanne de Lupé, femme du seigneur *de Montpeyroux* ;

6° Aude de Lupé, ⎰
7° Marie de Lupé, ⎱   légataires chacune de 700 florins en 1434.

VI. Bernard DE LUPÉ, 1er du nom, damoiseau, seigneur de LUPÉ, de Lasserade, de Cremens, de la Barrère et d'Auzan, institué héritier universel de son père le 4 Juillet 1434, fut témoin, avec la qualité de seigneur de Lupé *(de Léopodio)*, à un acte passé devant Nicolas de Mathon, notaire public de la ville de Nogaro, et du lieu de Caupène, dans la maison de Pierre du Claux, le 1er juillet 1838, par lequel Jean de Saint-Albin, bourgeois de Nogaro, promet à noble et puissant homme Manaud, seigneur de Lau *(de Lauro)*, de lui rendre, revendre et restituer, dans le délai de six années, certains fiefs, services, lods et ventes (dont plusieurs habitants du lieu de Panjas, nommés dans cet acte, sont tenus de faire hommage à la Toussaint de chaque année), pour le prix de 66 écus d'or, du poids de 3 deniers. Le 8 juin 1445, Bernard do Lupé vendit à Beraud de Faudoas, seigneur de Barbasan, deux maisons qu'il avait dans la ville de Nogaro ; et céda, le 11 mai 1446, à Bertrand de Lupé, damoiseau, son frère, le droit qu'il avait sur la terre de Theyzosin, en Armagnac, qui avait appartenu à feu Bertrand, seigneur de Theyzosin, leur oncle, et qui provenait de la succession de feue Esclarmonde du Lau, leur mère *(Minute de Me Gauthier, notaire à Vic-Fezensac, regist. d'Arnaud Bacquié*, fol. 11 *)*. Le 24 février 1446 *(v. st.)*, Bernard de Lupé rendit hommage à Jean, comte d'Armagnac, pour la terre de Lasserade, qui lui appartenait du chef de

Comtesse DE LUPÉ, sa femme et sa nièce à la mode de Bretagne (fille de Bernard de Lupé, seigneur de Lasserade, et de Miremonde de Jussan), et en rendit un second le 26 avril 1462, entre les mains de Pierre Poignant, lieutenant-général du comte d'Armagnac. Par cet acte, il avoua tenir en *fief noble et gentil* du même comte, la terre et seigneurie de Lupé, avec les lieux de Cremens, de Lasserade, d'Ariès-Saint-Jean, et les biens et cens qu'il possédait à la Barrère. Cet hommage fut rendu en présence de Jean de Vernède, seigneur d'Arblade-Comtal, François de Sanguinède, seigneur de Clarens, Giraud, seigneur de la Palhière, etc. Bernard de Lupé ne vivait plus le 20 mars 1488 (*v. st.*). Ses enfants furent :

1° Carbonnel de Lupé, seigneur de Lupé, vicomte d'Alençon, conseiller et maître d'hôtel du roi. Il est mentionné dans un accord fait le 27 mars 1581, entre Jean de Lupé, seigneur de Lasserade, et Carbonnel de Lupé, chanoine et custode de l'église de Nogaro, ses frères. Le 17 février 1497, Jean de Lupé, seigneur de Maravat, son cousin, l'institua l'un des exécuteurs du testament qu'il fit à Paris. Le 30 octobre 1520, il scella une quittance du sceau de ses armoiries, représentant *trois bandes*, et scella du même sceau un certificat qu'il donna aux officiers des comptes, de la revue de la compagnie de M. de Mauléon, qu'il passa à Laigle et à Charrite, au royaume de Naples, les 31 août et 4 septembre 1521. Le 16 juin précédent, il avait écrit de Troyes, en Champagne, une lettre à François 1er, dans laquelle il mandait à ce monarque que « suivant le commandement de S. M., il a vu les qua-
» tre bandes; que la dernière montre qu'il a faite est celle de Mony, à Reims; qu'a-
» près avoir fait déloger ladite bande, pour aller droit au camp, il est allé devers
» M. le duc d'Alençon, qui l'a envoyé dans la ville de Troyes pour faire la montre
» du baron de Montereau.....; qu'il a vu beaucoup d'aventuriers en France, mais
» qu'il n'en a jamais vu où il y eût tant de gentilshommes... qu'aux quatre bandes
» il y avait 1000 gentilshommes....; qu'il en avait renvoyé 700, etc., etc. » Carbonnel de Lupé passa plusieurs actes en qualité de tuteur de Pierre et Agnette de Lupé, enfants de Jean de Lupé, seigneur de Maravat, son cousin, et rappelé dans une enquête faite le 22 février 1540 (v. st.), à la requête de Carbonnel de Lupé, aussi seigneur de Maravat. Il avait épousé Jeanne *de Beaumont*, de laquelle il eut :

Jean, seigneur et baron de Lupé, père, par gabrielle *Ysalguier*, son épouse, de :
Jean, seigneur et baron de Lupé, qui paraît avoir cédé ses droits sur la terre de Lupé à Carbonnel, dit Carbon de Lupé, son cousin seigneur de Lasserade et de Thieste, et être mort sans postérité.

Fils naturel de Carbonnel seigneur de Lupé, vicomte d'Alençon, *et de Catherine* de Pensens.

Noé-Michel, *bâtard* de Lupé, *chevalier, maître-d'hôtel du roi, gentilhomme ordinaire de sa chambre, et capitaine (gouverneur) de la ville de Janville en Beauce, dont le roi lui fit don en* 1514. *Dès le 5 avril* 1472, *Louis XII lui avait cédé le droit de treizième, et tout autre devoir seigneurial qui pou-*

vait lui être dû de la sergenterie de Saint-Jeoire , en la vicomté de Rouen, qui avait appartenu à Louis du Bosc , écuyer. (Orig. en parchemin, à la Bibliothèque du Roi,) *En* 1507, *le bâtard de Lupé attaqua le fort de Gênes, avec Bayard , François de Maugiron et Guillaume de Poitiers , seigneur de Clereau et de Fay. Il s'acquit par sa valeur et ses talents pour la guerre une telle réputation , qu'il donna lieu au proverbe encore en usage en Dauphiné , et qui suffit pour son éloge , brave comme le bâtard de Lupé. Il obtint des lettres de légitimation en* 1517; *succéda en* 1522, *à Jean de la Roche-Aymon dans la charge de grand-prévôt de l'hôtel du roi , et eut pour successeur la même année , Gui de Guiffrey , seigneur de Boutières , ce qui fait présumer que Michel de Lupé mourut peu de temps après avoir été investi de cette charge;*

2° Jean 1er, qui a continué la descendance , et dont l'article suivra ;

3° Carbon de Lupé , auteur de la branche des *seigneurs et barons* d'ARBLADE , rapportée en son rang;

4° Michel de Lupé , seigneur de Cremens , vivant le 22 novembre 1483 ;

5° Carbonnel de Lupé, chanoine et custode de l'église de Nogaro en 1499 ;

6° Gaillard de Lupé , chanoine de Sainte-Marie d'Auch en 1499 ;

7° Arnaud-Guilhaume de Lupé , seigneur de Torrebren , près d'Auzan , en Condomois. Le 23 mars 1500 , il fut présent à un acte passé à Montréal , diocèse de Condom , par lequel noble Jean de Jogla , seigneur de la Salle et de la Clote , fils d'autre Jean de Jogla , reconnut avoir reçu le lit , les habits nuptiaux et la somme de 200 francs bordelais, constitués à noble Isabelle de Castillon, sa femme fille de noble Bernard de Castillon, seigneur de la salle de Castillon. Arnaud-Guillaume de Lupé paraît être mort célibataire.

8° Raymond-Guillaume de Lupé, écuyer , seigneur d'Ariés-Saint-Jean , puis de Torrebren, après Arnaud-Guillaume, son frère. Il laissa d'une alliance ignorée un fils et deux filles :

A. Jean de Lupé, écuyer, seigneur de Torrebren. Le 19 juin 1524, il rendit hommage au comte d'Armagnac, pour sa maison noble d'Ariés-Saint-Jean , située dans la seigneurie d'Auzan , et en fournit l'aveu et dénombrement le 25 juillet suivant. *(Orig. en parchemin, communiqué par M. l'abbé de Castillon)* ;

B. Jeanne de Lupé, dame en partie de la baronnie de Torrebren mariée avec noble Bertrand *de Lavardac*, seigneur d'Aumensan, dont elle était veuve, lorsque, par acte du 6 mars 1561 (v. st.), elle céda tous les droits qu'elle avait dans la seigneurie de Torrebren à noble Gaspard du Chic, seigneur d'Arcamont son petit-neveu, frère d'Aimeric du Chic, écuyer, seigneur de Rocquaing , qualifié héritier de la même Jeanne de Lupé dans un acte du 15 mars 1570 (v. st.), où elle est rappelée comme défunte ;

C. Marie de Lupé. Elle était mariée , en 1524, avec noble François *du Chic* , écuyer, seigneur de Boulin, fils de noble Pierre du Chic, écuyer, seigneur de Boulin, et d'Anne de Cassagnet, sa seconde femme.

9º Miramonde de Lupé, mariée, par contrat du 25 janvier 1488, avec Antoine *de Montlezun*, seigneur de Meillan, de Castin et de Lestang, près Auch.

10º Navarrine ou Navarre de Lupé, légataire de Bernard de Lupé, son oncle à la mode de Bretagne, vers 1448;

11º Catherine de Lupé, qui fut mariée 1º avec Carbonnel, seigneur *de la Palhière*, 2º par contrat du 24 octobre 1475, avec noble Carbonneau *de Bassabat*, seigneur de Castels;

12º Clermontine de Lupé, femme de noble Bernard *de Vernède*, seigneur d'Arblade-Comtal, terre qui, par donation ou transaction particulière, est passée à Carbonnel de Lupé, auteur de la branche des barons d'Arblade :

13º Condorine de Lupé, seconde femme, vers 1455, de Jean, seigneur *de Sariac*, et de Sérignac.

Fils naturel de Bernard de Lupé :

Jean, *bâtard* de Lupé, *vivant en* 1489.

VII. Jean DE LUPÉ, Iᵉʳ du nom, écuyer, co-seigneur de Lupé, de Lasserade, etc., passa, le 27 mars 1481, avec Carbonnel de Lupé, chanoine de Nogaro, son frère, un accord, dans lequel est rappelé Bernard de Lupé, leur père. Le 20 mars 1488 (*v. st.*), il donna le borderage de Casson, à titre de récompense, à noble Jean, *bâtard* de Lupé, son frère naturel, qui en fut investi par noble Jean des Forges, seigneur d'Espaignet et d'Espas, auquel le bâtard de Lupé le vendit depuis pour la somme de 13 écus, le 20 mars 1489 (*v. st.*). Ce borderage avait jadis été légué à Bernard de Lupé par Carbonnel, seigneur de la Palhière et d'Espas. (*Reg. de Castanet, à Nogaro*). Le 10 décembre 1499, Jean de Lupé fit son testament, par lequel il voulut être inhumé au tombeau de ses ancêtres, en l'église paroissiale de Sainte-Christine de Serres, dans la terre de Lasserade; fit diverses dispositions en faveur de sa femme, et nomma exécuteurs de ses dernières volontés Carbonnel, Gaillard et Michel de Lupé, ses frères. Il avait épousé, en 1483, Cécile DE SADIRAC, sœur de Raimond, et fille de Bertrand, seigneur de Sadirac, et d'Agnès de Rivière, dame de Labatut. Elle eut en dot, outre un lit et des habits nuptiaux, 1300 écus

DE SADIRAC : de gueules, au chevron d'argent, accompagné de trois étoiles du même.

d'or , l'écu compté pour 120 ardits ou 25 sous. Jean de Lupé donna quittance à son beau-frère de la somme de 500 écus d'or , en déduction , le 25 novembre de la même année 1485. Bernard d'Armagnac , seigneur de Termes , Anger de Jussan, seigneur de Thieste , Michel de Lupé , seigneur de Cremens , et Bernard de Mascaras , seigneur de la Treilhe , furent présents à cet acte. (*Arch. de l'abbaye de Tasque , diocèse de Turbes;* 5ᵉ *liv. de Raimond d'Argolossis ,   notaire ,* fol. 127 , verso). Les enfants issus de ce mariage furent :

1º Raymond, dont l'article suit ;

2º Pierre de Lupé, légataire de son père en 1499 ;

3º Bertrand de Lupé, auteur de la branche des *seigneurs de la Motte-Pouillon* rapportée ci-après ;

4º Marie de Lupé , femme de N..... *de Montlezun*, seigneur de Las et de Pardiac;

5º Autre Marie de Lupé , épouse de N..... *de la Cassagne*, en Bigorre;

6º Agnès ou Anne de Lupé , femme, vers l'an 1520, de Pierre *de Montesquiou* , seigneur de Sales et de Marsan ;

7º Paulette de Lupé , légataire de son père en 1499.

VIII. Raymond de Lupé , écuyer. seigneur de Lupé , de Lasserade et de Thieste , écuyer d'écurie du comte de Foix, fut institué héritier universel de son père , le 10 décembre 1499. Le 27 juin 1511 , il reçut le serment de fidélité des habitants de Lasserade , servit en 1514, en qualité d'homme d'armes de la compagnie de M. de Lautrec , et fut nommé , en 1520 , à la surintendance du gouvernement des terres de Barbazan. Lui , ou Carbonnel son oncle , est vraisemblablement le seigneur de Lupé , qui, suivant les mémoires de Montluc , était guidon de la compagnie de M. de Lautrec au combat de Saint-Jean de Luz en 1525 , puis , en 1528 , sous-colonel des compagnies de Gascons , et dont la compagnie attaqua la ville de Campistrano , près d'Ascoli , avec celle de M. de Montluc. Raimond de Lupé paraît avoir épousé N..... DE JUSSAN , dame de Thieste. Il eut pour fils :

DE JUSSAN :

1₀ Carbonnel IV , dont l'article suit;

2º François de Lupé , marié , par contrat du 10 avril 1554, avec Anne *de Montesquiou* , fille de Jean II , baron de Montesquiou , sénéchal d'Aure et de Magnoac, et de Gabrielle de Villemur. Ils vivaient en 1569 ;

3° Autre François de Lupé , homme d'armes de la compagnie du roi de Navarre en
1559. On croit qu'il mourut au service. Cependant il pourrait être le même que
François de Lupé , écuyer , sieur du Tousset, époux de Marie *de Renaudin*, tou^s
deux rappelés comme défunts dans le contrat de mariage de Gabrielle de Lupé ,
leur fille , avec Hugues *de la Loge* , fils d'Humbert de la Loge , écuyer , seigneur
de la Souche , et de dame Philiberte de la Cour des Pontets , contrat passé devant
Claude Colin , notaire juré du lieu de la Vinière , paroisse de Souvigny, en Bour-
bonnais , en présence de Charles de Lupé , prieur de Ronzière. Elle vivait encore
le 16 mars 1639 , date du contrat de mariage de Philippe de la Loge , son fils ,
avec Marthe de Busseul.

IX. Carbonnel , *dit* Carbon DE LUPÉ, IVᵉ du nom, seigneur de Lupé , de
Lasserade et de Thieste , épousa Bertrande DE LÉAUMONT-PUYGAILLARD ,
fille de Jean de Léaumont, seigneur de Puygaillard , de laquelle il eut :

DE LÉAUMONT :
d'azur , au faucon
d'argent perché sur
un bâton du même
en fasce.

1° Odet de Lupé , mort sans postérité ;
2° Jeanne de Lupé , mariée avec Pierre *de Toulouse-Lautrec ,* vivant en 1574 ,
fils de Jean-François de Toulouse , vicomte de Lautrec , baron de Montfa , et de
Catherine de Sales d'Algans ;
3° Autre Jeanne de Lupé , dont on ignore la destinée.

SEIGNEURS DE LA MOTHE-POUILLON DE BONNEFONT , etc.

VIII. Bertrand DE LUPÉ , chevalier , seigneur de Clermont , d'Estivaux ,
de Mainboste , de Poyartin , etc. , troisième fils de Jean Iᵉʳ , seigneur de
Lupé et de Lasserade , et de Cécile de Sadirac , fut institué légataire par-
ticulier de son père le 10 décembre 1499. Il servit , avec Raimond de
Lupé , dans la compagnie d'hommes d'armes de M. de Lautrec , en 1514,
puis dans celle de Thomas de Foix , seigneur de Lescun , maréchal de
France , jusqu'en 1525 , époque à laquelle il rentra dans la compagnie de
M. de Lautrec , après la mort du maréchal de Lescun , son frère , décédé
à Milan par suite des blessures qu'il avait reçues à Pavie. Bertrand de
Lupé est nommé dans un accord , passé le 19 juin 1527 , par Anne DE
TALAURESSE , sa première femme , fille d'Étienne de Talauresse , seigneur
et baron de Clermont , et de Catherine de Montlezun. Il fut nommé exécu-
teur du testament d'Odet , comte de Foix , le 21 juillet de la même année,

DE TALAURESSE :

DE NAVAILLES :
d'azur , au lévrier
d'argent , colleté de
gueules, accompagné
de trois molettes d'é-
peron d'argent.

et s'allia en secondes noces , par contrat du 1 4 octobre 1531 , avec
Marguerite DE NAVAILLES , fille de Jean de Navailles , écuyer , seigneur
de la Motte-Pouillon , et de Françoise de Gassiès. Le 22 février 1532 ,
Bertrand de Lupé fit son testament en faveur de François de Lupé , qui
suit , son fils unique du second lit, sa première femme n'ayant pas eu
d'enfants.

IX. François DE LUPÉ , chevalier , seigneur d'Estivaux, de Clermont ,
de la Motte-Pouillon , etc. , au diocèse de Dax , était sous la tutelle de
Marguerite de Navailles , sa mère , le 4 septembre 1538. Il passa une
procuration avec Madelaine de Navailles, sa tante, le 14 mars 1542 *(v. st.)*
fut institué héritier de Jean de Navailles , son aïeul maternel , en 1552 ,
et est rappelé comme défunt dans le testament de Jean d'Alsate , écuyer ,
seigneur d'Urtubie , son beau-père , du 28 septembre 1555 ; dans une

D'ALSATE :
d'argent , à trois fas-
ces de gueules, cha-
cune chargée de trois
loups de sable.

procuration passée par Isabeau D'ALSATE . sa veuve , qu'il avait épousée en
1549 (fille du même Jean d'Alsate , et d'Anne d'Espelette) , tutrice de
Jean de Lupé , qui suit , leur fils unique , du 26 avril de la même année
1555 , et dans un accord qu'elle passa . le 12 juillet 1561 , avec Françoise de Talauresse , à raison de la seigneurie d'Estivaux.

X. Jean DE LUPÉ , IIe du nom , écuyer , seigneur de la Mothe-Pouillon ,
d'Arribère , etc. , servait , en 1568 et 1569 , en qualité d'homme d'armes
dans la compagnie du seigneur de Massès. Il plaidait au parlement de
Bordeaux en 1571 ; passa une transaction le 25 juin de la même année ,
avec Bertrand de Montlezun , écuyer , seigneur de Las , son cousin , au
sujet de la succession de Jean , seigneur de Lupé et de Lasserade , son
bisaïeul , et consentit un accord le 22 janvier 1572 *(v. st.)*. Il obtint la
succession de la maison de Lupé , vacante par la mort de Carbonnel IV de
Lupé , son cousin , et fut reconnu l'aîné et le chef des nom et armes de sa
maison. Le 29 octobre 1578 , il céda tous ses droits sur les terres de
Lupé et de Lasserade au même Bertrand de Montlezun , seigneur de Las ,
moyennant la somme de 4250 livres , et fit , le 16 juillet 1602 , son testament , par lequel il demanda à être inhumé dans l'église paroissiale de

Pouillon , lieu de la sépulture de ses prédécesseurs. Il avait épousé , par contrat du 16 mai 1568 , Jeanne DE LA LANNE , fille d'Oger de la Lanne , écuyer , seigneur de la Lanne , et de Quitterie d'Arros. De ce mariage sont provenus :

DE LA LANNE :
d'azur , au demi-vol d'argent.

1° Firmin , dont l'article suit ;

2° Étienne de Lupé , vivant le 28 avril 1648 ;

3° Marguerite de Lupé , laquelle était mariée en 1602 ;

4° Laurence de Lupé, mariée, par contrat du 12 février 1612, avec Ogier, seigneur *de Tey* , écuyer.

XI. Firmin DE LUPÉ , écuyer , seigneur de la Motte , de Saubescure , etc. , institué héritier universel de Jean , son père , le 16 juillet 1602 , consentit un accord , le 10 décembre de la même année , avec Étienne de Lupé , son frère , au sujet de la succession de Jean de Lupé , leur père ; fut nommé capitaine de carabiniers le 12 novembre 1615, et ne vivait plus le 30 août 1626. Il avait épousé , par contrat du 17 juillet 1596 , Jeanne DU PUY , fille d'Amanieu du Puy , seigneur de Saubescure , de Bonnefont, de Maublat , etc. , et d'Isabeau de Saubescure. Leurs enfants furent :

DU PUY :
écartelé , aux 1 et 4 d'or, à trois poissons de gueules l'un sur l'autre en fasce; aux 2 et 5 d'or, à 3 écrevisses de gueules.

1° Bernard II, qui suit ;

2° Marie de Lupé, alliée avec le Seigneur *de Saint-Martin ;*

3° Isabeau de Lupé, femme d'Isaac *de Gramont*, seigneur de Gramont d'Ossanges.

XI. Bernard DE LUPÉ , IIe du nom , écuyer , seigneur de Bonnefont , de la Motte , et autres lieux , fut nommé , le 12 août 1638 , capitaine des milices du siége de Dax et de Fontarabie , et servit courageusement , en qualité de volontaire , auprès du marquis de Poyanne , dans les mouvements qui eurent lieu de son temps en la province de Guienne. Il transigea avec Etienne de Lupé , son oncle , le 28 avril 1648 , reçut diverses reconnaissances féodales le 1er décembre 1650, fit son testament en 1656 , et mourut avant le 26 juin 1660. Il avait épousé , par contrat du 30 août 1626 , Marguerite DE POULHAUT ou DE POYLOAUT , dont il eut :

DE POULHAUT :
échiqueté d'or et de gueules.

1° Blaise, dont l'article suit ;

2° Marie de Lupé, } religieuses ursulines au bourg du Saint-Esprit, à Bayonne.
2° Louise de Lupé,

XIII. Blaise DE LUPÉ, écuyer, seigneur de la Motte-Pouillon, de Viane, de Bonnefont, de Maublat et aures lieux, capitaine au régiment de Poyanne, infanterie, servit glorieusement le roi, soit dans les guerres de Catalogne, soit pendant les troubles civils de la Guienne. Il fut maintenu dans sa noblesse par jugement de M. Pellot, intendant en cette province, de l'année 1666. Le 1er août 1667, il rendit hommage pour ses terres devant les trésoriers de France de la généralité de Guienne. En 1677, il fut nommé capitaine de chevau-légers, puis lieutenant-colonel de cavalerie. Il vivait encore le 7 septembre 1687. Il avait épousé, par contrat du 28 janvier 1655, Isabeau D'ARRAC DE VIGNES, fille de noble François d'Arrac, seigneur de Vignes, baron de Sault, de Nassiet, de Marpaps, d'Argelos, etc., et de Jeanne d'Aren, sa seconde femme. Leurs enfants furent :

D'ARRAC : écartelé, aux 1 et 4 d'argent, au sanglier de sable, qui est d'Arrac; aux 2 et 3 d'azur, à l'aigle éployée d'or, qui est d'Anglade.

1° Bernard III, qui suit ;

2° Pierre de Lupé, qui servit avec distinction dans la marine royale, et fut nommé capitaine de vaisseau au mois de novembre 1695. Il fut blessé grièvement d'un coup de canon, qui lui fracassa les reins, à la prise d'un vaisseau de guerre hollandais dans la Manche. Le 15 novembre 1700, il fut nommé chevalier de l'ordre royal et militaire de Saint-Louis, et mourut à la Rochelle en 1706.

3° Gabriel de Lupé, chanoine d'Arras, puis de la Rochelle :

4° Thimothée de Lupé, prévôt de l'église de Cassel, en Flandre ;

5° François de Lupé, dont on ignore la destinée ;

6° Catherine de Lupé, épouse de Thimothée de Larquier, seigneur de Rochefort. Marie de Lupé, alliée 1° avec Jean Mengron, conseiller et secrétaire du roi, et secrétaire de M. d'Aligre ; 2° en 1675, avec Charles Poisson, marquis du Ménil, enseigne des gardes du roi, et maréchal-de-camp, qui, passé au service de Danemarck en qualité de général de cavalerie, devint ministre-d'état en ce royaume et fut créé chevalier de l'Éléphant.

8° N...... de Lupé, } religieuses ursulines à Dax.
9° Séraphine de Lupé,

XIV. Bernard DE LUPÉ, IIIe du nom, écuyer, seigneur de la Motte, de Castels et de Castillon, fit ses preuves de noblesse, le 14 février 1669, devant MM. d'Hozier, généalogistes de la maison du roi, pour être reçu page de S. M. en la petite écurie. Le 29 octobre 1673, il fut nommé cornette au régiment de Saint-Aignan, cavalerie, passa, avec le grade de capitaine, dans celui de Doulcet, aussi cavalerie, le 19 juillet 1677, et fut nommé capitaine de chevau-légers le 31 août de la même année. Il rendit aveu et dénombrement de ses terres le 10 décembre 1692, passa un accord le 19 octobre 1702, et mourut avant le 15 juin 1718. Il avait épousé, par contrat du 7 septembre 1687, Marie-Anne DE CAUPENNE, fille de Léonard de Caupenne, chevalier, seigneur marquis d'Amou et de Saint-Pé, en Labour, baron de Bonnut, d'Arsague, etc., lieutenant de roi en Guienne, et de Marie de Gassion, sa première femme. Elle le rendit père de :

DE CAUPENNE : d'azur, à six plumes d'autruche d'argent, croisées par le pied 2 à 2, et posées en chevrons renversés.

1° Gabriel, qui va suivre ;
2° Joseph de Lupé, mort jeune au service ;
3° Charles de Lupé, mort peu de temps après son père ;
4° Élisabeth de Lupé, mariée avec Pierre-Joseph *de Mérignac*, seigneur de Malet;
5° Catherine de Lupé, mariée, le 18 mars 1713, avec Jean *d'Aspremont*, colonel du régiment d'Albret.

XV. Gabriel DE LUPÉ, écuyer, seigneur de la Motte-Pouillon, de Bonnefont et autres lieux, naquit le 4 juin 1690. Il fut nommé aide-de-camp de M. de Gassion le 10 juin 1711, et chevalier de l'ordre royal et militaire de Saint-Louis en la même année. Le 15 juin 1718, il transigea avec Elisabeth de Lupé, sa sœur, au sujet des prétentions de cette dame sur les légitimes de Joseph, Charles et Catherine de Lupé, leurs frères et sœur, décédés, et mourut avant le 17 septembre 1762. Il avait épousé, par contrat du 22 avril 1719, Jeanne DU LIVIER, vivante en 1762, fille d'Etienne du Lier, conseiller du roi et son procureur au siège de la Forraine et des ponts et passages de Guienne, au bureau général de Dax, et de Catherine Visnich. De ce mariage sont provenus :

DU LIVIER : d'azur, à la colombe essorante d'argent, tenant dans son bec un rameau d'olivier d'or.

1° Pierre-Marie, qui suit ;
2° Guillaume-Anne de Lupé, nommé enseigne de vaisseau au mois de mai 1751, décédé à Rochefort, revêtu du grade de lieutenant de vaisseau.

3º N...... de Lupé , chanoine de l'église de Dax ;

4º Trois filles , dont deux furent religieuses.

XVI. Pierre-Marie DE LUPÉ , chevalier , titré baron, puis comte de Lupé et de Falaise en Normandie , seigneur de la Motte , de Bonnefont, de Castels et autres lieux , naquit le 21 novembre 1724. D'abord cornette au régiment de Bretagne , cavalerie , il fut promu au grade de capitaine dans le même régiment le 16 janvier 1744 , et nommé , le 18 avril 1756 , aide-maréchal-général-des-logis de l'armée commandée par M. le maréchal de Richelieu. Il servait en qualité de capitaine dans le régiment de Bourgogne, cavalerie , le 7 septembre 1756 , époque à laquelle il fut créé chevalier , de l'ordre royal et militaire de Saint-Louis. Le roi le nomma , le 8 juillet 1757 , colonel du régiment Royal-Cantabres , et successivement gentilhomme de la manche du duc de Bourgogne , au mois d'avril 1758 , et de monseigneur le comte de Provence (aujourd'hui S. M. Louis XVIII), le 15 avril 1762 , en considération des mêmes motifs qui avaient déterminé S. M. à lui accorder une pareille place auprès du duc de Berry. Il devint capitaine-colonel des gardes Suisses de monseigneur le comte de Provence, commandeur des ordres royaux militaires hospitaliers de Notre-Dame du Mont-Carmel et de Saint-Lazare de Jérusalem , et fut nommé , au mois d'août 1764 , gentilhomme de la manche de S. A. R. monseigneur le comte d'Artois. Il est décédé à Paris en 1770 , laissant du mariage qu'il avait formé , par contrat signé par LL. MM. et la famille royale le 24 avril 1762 , et notarié le 25 , avec Louise-Charlotte BUTLER , présentée à la cour le 1er mai suivant , fille de haut et puissant seigneur messire Jacques Butler , chevalier , seigneur de Creanagh , de Cariegbec , et de Ralh , baron d'Armaille et autres lieux , capitaine du haras du roi , écuyer cavalcadour de S. M. , et de haute et puissante dame Louise-Sophie-Françoise Cooke , un fils et une fille :

BUTLER :
d'or, ou chef denché
d'azur.

1] Henri-Pierre-Marie, dont l'article suit ;

2] Charlotte-Félicité de Lupé , né le 28 septembre 1766 , mariée, par contrat du 28 avril 1788 , avec Antoine-Aignan-François , marquis *de Charry des Gouttes*, chevalier de l'ordre de Saint-Louis , et des ordres royaux militaires et hospitaliers de N. D. du Mont-Carmel et de Saint-Lazare de Jérusalem.

XVII. Henri-Pierre-Marie , comte DE LUPÉ , chevalier , seigneur de la Motte , de Bonnsfont , etc. , né à Versailles le 29 mars 1769 , officier au corps royal des carabiniers , a émigré , est passé à la Martinique, et est mort pen d'années après son retour à Paris. Il avait épousé Pétra D'HUGUES DE SESSÈLES , morte à Paris le 14 février 1820 , n'ayant eu qu'une fille , décédée aussi à Paris un an avant sa mort.

D'HUGUES :

SEIGNEURS ET BARONS D'ARBLADE , éteints.

VII. Carbon ou Carbonnel DE LUPÉ , IVᵉ du nom , fils de puîné de Bernard Iᵉʳ , seigneur de Lupé , de Lasserade , etc. , et de Comtesse de Lupé , épousa Navarrine DE VERNÈDE , dont il eut :

DE VERNÈDE : écartelé , aux 1 et 4 d'or, à trois corneilles de sable; aux 2 et 3 de gueules , à la croix tréflée d'or.

1º Carbonnel V , qui suit ;
2º Géraud de Lupé , auteur de la branche des *seigneurs* DE CASTILLON , rapportée ci-après ;

VIII. Carbon ou Carbonnel DE LUPÉ , Vᵉ du nom , seigneur et baron d'Arblade Comtal , sans doute par donation de Clermontine de Lupé , sa tante , épousa en 1515 , Marguerite DE PARDAILLAN , fille d'Arnaud de Pardaillan , baron de Gondrin , chevalier de l'ordre du Roi , et de Jacquette d'Antin. Elle eut en dot une somme de 4,000 livres ; fit son testament en 1568 ; institua Carbonnel de Lupé , son fils , qui suit , son héritier universel, et fit un legs de 1200 livres à Antoine de Pardaillan , son frère *(Histoire des Grands-Officiers de la Couronne , t. II , p. 185)*.

DE PARDAILLAN : écartelé , aux 1 et 4 *de Castillon,* en Médoc ; aux 2 et 5 d'argent , à 5 fasces ondées d'azur , qui est *de Pardaillan.*

IX. Carbon ou Carbonnel DE LUPÉ , VIᵉ du nom , seigneur et baron d'Arblade , héritier universel de sa mère en 1568 , épousa 1º Odette de CANDALLE , fille de François , bâtard de Candalle , baron de Doazit , commandeur de Besaute , de l'ordre de Saint-Jacques de l'Epée , et d'Anne de Marsan , dame en partie de Montgaillard ; 2º Marie DE SÉGUR , dont il n'eut pas d'enfants. Du premier mariage sont issus :

DE CANDALLE : écartelé *de Foix* et de *Béarn,* avec un filet d'azur en barre , brochant sur le tout.

DE SÉGUR : écartelé , aux 1 et 4 de gueules , au lion d'or ; aux 2 et 3 d'argent plein.

1º Hector de Lupé , baron d'Arblade et de Tingros, seigneur de Saint-Martin et
de Sansac, qui donna quittance, le 27 novembre 1584 . à Mathurin le Beau , trésorier et receveur-général de la marine, de la somme de 133 écus, pour son état
de capitaine entretenu par le roi en la marine de Ponant (*Titre original de la Bibliothèque du Roi*). Il paraît être mort sans postérité ;

2º Jean Iᵉʳ , qui suit ;

3º Hilaire de Lupé , mariée avec Pierre *d'Ornano*, mestre-de-camp du régimen t
d'Orléans, fils d'Alphonse-Corse d'Ornano , colonel-général des Corses, maréchal
de France, chevalier des ordres du roi , etc. , et de Louis de Grasse de Pontèves.

X. Jean DE LUPÉ , Iᵉʳ du nom , seigneur et baron d'Arblade , épousa
Hilaire DE MONTLEZUN , fille d'Arnaud de Montlezun chevalier , seigneur
de Campagne . et de Françoise de Narbonne de Salelles. De ce mariage est
issu :

DE MONTLEZUN :
comme à la page 40.

XI. Jacques DE LUPÉ , seigneur et baron d'Arblade , époux , en 1608 ,
de Marguerite DE MONTFERRAND , dont sont issus :

DE MONTFERRAND :

1º François de Lupé , seigneur et baron d'Arblade , mort sans postérité masculine ;

2º Jean II , qui suit ;

3º Jeanne de Lupé , mariée , vers l'an 1640, avec Jean-Alexandre *de Casaux*, seigneur de Laran, fils de Jean de Casaux , seigneur de Laran , et de Gabrielle de
Martiez.

XII. Jean DE LUPÉ , IIᵉ du nom , seigneur et baron d'Arblade , de Ca-
mortères, etc. , épousa , le 4 février 1651 , Marguerite DE MUN , fille de
Jean , seigneur de Mun et de Clarac , baron de Guizerix , gentilhomme ordinaire de la chambre du roi , et d'Anne de Goyrans. Elle fit son testament
vers 1660 , en faveur de son mari , et voulut être inhumée dans l'église
d'Arblade , sépulture des prédécesseurs de cette maison. Ces époux parais-
sent n'avoir eu qu'une fille , nommée Marie-Anne , qui suit.

DE MUN :
l'écu en bannière d'a-
zur , au monde d'ar-
gent cintré et croisé
d'or.

XIII. Marie-Anne DE LUPÉ , dame d'Arblade , porta cette baronnie en
mariage , le 10 août 1681 , à Alexandre , marquis DE MUN , chevalier ,
seigneur baron de Montégut , de Belmont , de Guizerix , de la Marque, de

DE -MUN :
comme ci dessus.

Clarac, etc. , son cousin-germain, fils de Jean-Jacques, marquis de Mun, et de Louise de Léaumont-Puygaillard. (*Voyez le t.* III *de cet ouvrage,* *généalogie* DE MUN , p. 8.)

SEIGNEURS DE CASTILLON , *éteints.*

VIII. Géraud DE LUPÉ , écuyer, IIe fils de Carbonnel IV de Lupé , et de Navarrine de Vernède, devint seigneur de Castillon par le mariage qu'il contracta , le 27 octobre 1524, avec Serène , dame DE CASTILLON, de Castelnau d'Auzan et de la Barrère, veuve de Guillaume Léaumont , seigneur de Sainte-Cristie en Fezensaguet, et fille unique et héritière de Pons , seigneur de Castillon, et de Marie de Lau. Elle était cousine-germaine de Jean de Castillon , écuyer , seigneur de Mauvesin, et nièce de Merigon de Castillon, aussi écuyer, seigneur de Mauvesin, capitaine (gouverneur) des villes d'Auze et de Bazas. Géraud de Lupé servait, en 1526 , comme homme d'armes dans la compagnie de 56 hommes d'armes , 118 archers du nombre de 60 lances fournies des ordonnances du roi , commandée par Henri II , roi de Navarre, et qui fut passée en revue à Limoges le 15 mars de la même année. (*Généalogie de la maison de Faudoas,* in-4° , p. 100.) Géraud de Lupé resta veuf avant le 29 janvier 1527 ; il se remaria , en 1529 , avec Jeanne de LÉAUMONT. On voit par le testament qu'il fit le 20 décembre 1554 , qu'il avait plusieurs enfants , dont Auger, qui va suivre, était le puîné. Il eut aussi une fille , outre ce fils :

DE CASTILLON : de gueules , au château d'argent , sommé de trois tours crénelées et donjonnées du même.

DE LÉAUMONT : d'azur , au faucon d'argent , perché sur un bâton du même en fasce.

1° Auger , dont l'article suit ;
2° Jacquette de Lupé , femme de Paul *du Lyon* , écuyer , seigneur de Pomarez et de Meillan.

IX. Auger ou Oger DE LUPÉ , écuyer , fut seigneur de Castillon et de la Queyze , ce qui fait présumer que ses frères aînés moururent avant lui sans postérité. Il servit en qualité d'homme d'armes, avec Charles de Lupé, seigneur de Garrané , et François de Lupé de Lasserade , ses parents , dans la compagnie du roi de Navarre , dont la revue fut passée à Condom le 15 septembre 1559. Il avait épousé, 1° par articles du 5 mai 1557 ,

DE GROSSOLLES : d'or, au lion de gueules, nageant dans une rivière d'argent ; au chef d'azur , chargé de trois étoiles d'or.

DE SUPAS :

Jeanne DE GROSSOLLES , présumée fille de Renaud de Grossolles , baron de Flamarens et de Montastruc , sénéchal de Marsan , et d'Anne de Montlezun, dame du Vignau , en Marsan. Auger contracta une seconde alliance avec Jacquette DE SUPAS , dont il ne paraît pas avoir eu d'enfants. Il fit son testament le 14 mai 1586 , ne vivait plus en 1590 , et laissa de sa première femme , entr'autres enfants :

1° Renaud Iᵉʳ , qui suit ;
2° Raynaud de Lupé , écuyer , seigneur de Pondaurat , près la Réolle , vivant le 17 janvier 1621.

X. Renaud DE LUPÉ , Iᵉʳ du nom , écuyer , seigneur de Castillon , etc., héritier universel de son père le 14 mai 1587 , épousa , par contrat du

DE MÉLIGNAN : écartelé , aux 1 et 4 d'azur , au lion d'or ; aux 2 et 3 d'argent, à l'aubépin de sinople.

25 février 1590 , noble Madelaine DE MÉLIGNAN DE TRIGNAN , fille de Bompar de Mélignan , seigneur de Trignan , gouverneur pour le roi de la ville de Sisteron , et de Jérôme de Montaut de Castelnau-d'Arbien. Renaud de Lupé fit son testament olographe le 11 février 1612 , et laissa trois fils :

1° Renaud II , qui suit ;
2° François de Lupé , écuyer , seigneur de la Salle ;
3° Jean-Gaston de Lupé de Castillon , qui fit ses preuves , le 31 juillet 1623 , pour être reçu chevalier de Malte.

XI. Renaud DE LUPÉ , IIᵉ du nom , écuyer, seigneur de Castillon , etc.,

DE PARDAILLAN : comme à la page 25.

héritier de son père en 1612 , épousa , par contrat du 17 janvier 1621, Madelaine DE PARDAILLAN. Il fut assisté de François de Lupé , seigneur de la Salle , son frère , et de Raynaud de Lupé , seigneur de Pondaurat , son oncle. Renaud II fit son testament , le 4 avril 1641 , en faveur de Charles de Lupé , son fils , qui suit.

XII. Charles DE LUPÉ , écuyer , seigneur de la Salle, de Castillon , etc.,

DU GARROS : d'azur, à deux mains d'argent, en sautoir , liées et garrottées d'une corde de sable.

épousa , par contrat du 25 septembre 1660 , Madelaine DU GARROS , avec laquelle il fit un testament mutuel , le 10 avril 1681 , en faveur de Renaud III de Lupé , leur fils aîné , qui suit.

XIII. Renaud DE LUPÉ , IIIᵉ du nom , écuyer , seigneur de Castillon ,

de Sainte-Cristie , etc. , épousa , par contrat du 25 avril 1695 , demoiselle Marie DE LASSERAN , fut maintenu dans sa noblesse par jugement de
l'intendant de la généralité de Montauban , du 11 février 1702, et mourut
sans postérité.

DE LASSERAN :
d'argent , à la fasce
de gueules , chargée
de deux tours d'or.

SEIGNEURS DU GARANÉ , DE LASSERAN , etc.

VI. Bertrand DE LUPÉ , damoiseau , seigneur de Sion , près Nogaro ,
en Armagnac , second fils de Carbonnel de Lupé , IIIe du nom , seigneur
de Lupé , de Lasserade , etc. , et d'Esclarmonde de Lau , sa première
femme , avait été destinée à l'état ecclésiastique par son père , qui , dans
son testament du 4 juillet 1434 , lui légua la somme de 100 écus d'or. Le
11 mai 1446 , Bernard , seigneur de Lupé , frère aîné de Bertrand , lui
fit don de la seigneurie de Teyzozin. Ce dernier fut témoin , le 29 avril
1468 , d'un hommage rendu au comte d'Armagnac , par Jean de l'Isle ,
et ne vivait plus le 15 juin 1495. Il avait épousé 1° Agnès ou Agnette DE
LATRAU (*Preissac*) ; 2° par contrat du 28 mai 1469, Marguerite DU GARANÉ,
qui fit son testament le 7 avril 1513 , et était fille et héritière d'Arnaud ,
co-seigneur du Garané et de Lasseran , en Armagnac. Ses enfants furent :

DE LATRAU :
parti, au 1 d'argent ,
au lion de gueules ;
au 2 d azur , à trois
fasces d'argent.

DU GARANÉ :
parti , au 1 d'azur ,
à la croix d'or ; au 2
d'azur , à la croix
d'argent.

Du premier lit.

1° Carbonnel de Lupé , co-seigneur de Sion , qualifié *haut et puissant seigneur*.
Il passait un accord le 13 juin 1495 , et fit son testament le 25 mars 1512. Il avait
épousé Jeanne *d'Armagnac de Termes*, de laquelle il eut :

A. Michel de Lupé , dont le sort est ignoré ;

B. Marguerite de Lupé , femme de noble Bernard *de Biran* , seigneur de la
Motte-Pelagrue ;

C. Catherine , mariée , au mois d'août 1512 , avec noble Bertrand , seigneur *de
Batz* et de Suberbie , fils de Manaud , seigneur de Batz , et de Catherine de
Touyouse ;

D. Élizane de Lupé , } dont on ignore la destinée ;
E. Agnès de Lupé , }

Du second lit.

2° Jean , qui continue la descendance ;

3° Bertrand de Lupé , chevalier , seigneur de Cremens , qui était au service en
1512 , et épousa , vers l'an 1515 , Florette *de Montesquiou* , fille de Jean de

5

Montesquiou, seigneur et baron de Marsac, et de Bertrande de Devèze. Elle était alors veuve de Bernard de Castelbajac, surnommé *le baron Vert*, seigneur de Bernet, en Astarac. Après la mort de Bertrand de Lupé, Florette de Montesquiou se remaria en troisièmes noces, le 27 avril 1517, avec Jean de Vernède, fils d'Antoine de Vernède, vicomte de Corneillan. (*Histoire des Grands-Officiers de la Couronne*, t. VII, p. 270);

4° Audet de Lupé, marié avec Catherine *Bertrand*;

5° Autre Jean de Lupé, chevalier de Malte;

6° Catherine de Lupé, qui était mariée en 1513, avec noble Jean *de Lormia*:

7° Agnès de Lupé, qui était mariée à la même époque avec Jean, seigneur *de la Serre*, alias *de Boulayga*, ou *de Beulayga*;

8° Catherine de Lupé, qui n'était pas mariée en 1513.

VII. Jean DE LUPÉ, écuyer, seigneur du Garané et de Lasseran, était sous la tutelle de Jean, seigneur de Lupé, son cousin-germain, le 12 juin 1495. Il fut institué héritier universel de Marguerite du Garané, sa mère, le 7 avril 1515. En 1523, il servait en qualité d'archer de la compagnie du chevalier Bayard, dont la revue fut faite à Cassano, en Italie, le 24 décembre de cette année. Il fit une rente le 16 octobre 1549, et testa le 8 août 1559. Il avait épousé, par contrat du dernier février 1513 (v. st), Marguerite DU MONT DE PLEHOT, fille de noble Jean du Mont, seigneur de Plehot, près Vic. Il en eut:

DU MONT : de gueules, au chevron d'or.

1° Charles, dont l'article suivra;

2° Pierre de Lupé, qui servit en qualité d'homme d'armes dans la compagnie du seigneur d'Arné, ainsi qu'on le voit par la revue qui en fut faite au camp de Chinon le 20 janvier 1569.

3° Jean de Lupé.   dont on ignore la destinée. On croit que l'un de ces deux
4° Jacques de Lupé,   frères épousa N...... *de Béon*, fille de Bertrand de Béon, seigneur d'Armentieu, et de Jeanne d'Orneson de Saint-Blancard.

5° Catherine de Lupé, femme de noble Jean *d'Orgueil*;

6° Françoise de Lupé, dont le sort est ignoré;

7° Jeanne de Lupé, qui épousa Charles *Du Pin*.

VIII. Charles DE LUPÉ, écuyer, seigneur du Garané, de Lasseran, etc., fut institué héritier universel de Jean de Lupé et de Marguerite du Mont de Plehot, ses père et mère, les 28 mai 1552 et 8 août 1559. On voit par une montre faite à Condom, le 15 septembre de cette dernière année, qu'il servait alors avec François de Lupé de Lasserade, et Oger de Lupé de Castillon, ses parents, dans la compagnie d'hommes d'armes du roi de Navarre. Il servit ensuite avec son frère, en la même qualité, dans la compagnie du seigneur d'Arné (de Sariac) qui fit montre à Chinon le 20 janvier 1569. Charles de Lupé fut fait prisonnier avec son capitaine et plusieurs autres hommes d'armes, dans un combat qu'ils livrèrent aux huguenots du camp de Montgommery, à Estompures en Pardiac. Il ne vivait plus le 50 avril 1582. Du mariage qu'il avait contracté, le 13 février 1534 (v. st.), avec Jeanne DU GARANÉ, vivante en 1589, sœur du noble François du Garané, seigneurs de Pepions, de Monstastruc et de Montbrun, et co-seigneur du Garané et de Lasseran, sont provenus quatre enfants, entr'autres :

DU GARANÉ : comme à la page précédente.

1o Carbonnel IV, dont l'article suit ;

2o Tristan de Lupé, auteur de la branche des *seigneurs* DE MONTLAUR, rapportée ci-après ;

3o Mathive de Lupé, femme de Paul *de Gonzalès*, seigneur de Montagnac, fils de Mathieu de Gonzalès, seigneur de Montagnac, et de Marguerite d'Orbessan de Castelgaillard.

IX. Carbonnel *dit* Carbon DE LUPÉ, IVe du nom, écuyer, seigneur du Garané, de Lasseran et autres lieux, servit dans les guerres de Guienne parmi les archers de 60 lances, de M. de Biron, dont la revue fut passée près de Libourne, le 5 juillet 1575. Le 1er mai 1581, il assista avec César de Montaut et Jean *de Frexo*, au contrat de mariage de Jacques de Cassaignes, écuyer, seigneur de Beaulac, en Rivière Basse, au comté d'Armagnac, avec noble Paule d'Armentieu (de Béon), fille de feu Gabriel d'Armentieu, écuyer, seigneur d'Armentieu, et de Catherine de Bellegarde. Il épousa, par contrat du 50 avril 1582, Jeanne DE VEZINS, fille de Jean de Vezins, seigneur de la Cassagne, et de Charlotte des Essarts de Laudun, et sœur de Bertrand de Vezins, seigneur de la Cassagne, auquel ces deux époux donnèrent quittance pour partie de la dot de Jeanne, le 27 avril 1588. Carbonnel est nommé dans le testament de sa belle-mère, du 26 janvier

DE VEZINS : de gueules, à trois bandes d'or, celle du milieu chargée de 3 coruelles de sable.

1611, et dans celui de son épouse du 17 août 1635. Il fit le sien le 7 mai 1632, et laissa quatre fils et cinq filles :

1o Jean Bertrand de Lupé, qui fit ses preuves de noblesse, en 1597, pour être reçu chevalier de l'ordre de Saint-Jean de Jérusalem. Il devint commandeur de Peyrins, et fut ensuite pourvu du grand-Prieuré de Saint-Gilles ;

2o Arnaud-Charles, qui continue la descendance ;

3o Tristan de Lupé, prieur du Garané ;

4o Alexandre de Lupé, mort au service ;

5o Charlotte de Lupé, femme de noble Jean *de la Mazère*, seigneur de Mollins ;

6o Marguerite de Lupé, religieuse au couvent de Sainte-Croix ;

7o Philiberte de Lupé, mariée, par contrat du 31 mars 1615, avec Louis de *Montlezun*, seigneur du Bosc et de Besmaux. Elle fut bisaïeule de Geneviève de Montlezun Besmaux, femme de Paul-Hyppolite de Beauvilliers, duc de Saint-Aignan ;

8o Marthe de Lupé, femme de noble François *du Cos*, seigneur de Gaspard ;

9o Charlotte de Lupé, légataire de son père en 1632.

X. Arnaud-Charles DE LUPÉ, écuyer, seigneur du Garané, de Lasseran, de la Peyrade et de la Cassagne, servait ou était destiné à servir dans les gardes-du-corps du roi, en 1611. Charlotte des Essarts de Laudun, son aïeule maternelle, l'institua son héritier universel le 26 janvier de la même année, et Charlotte de Lupé, sa sœur, fit les mêmes dispositions en sa faveur le 14 mars 1628. Il fit son testament le 5 mai 1636. Il avait épousé, par contrat du 27 février 1612, Anne DE SAVÈRE, dame de Marsan, fille de noble Jacques de Savère, seigneur de Marsan, et nièce de Pierre d'Esparbès, seigneur de Lussan. Elle est nommée avec son mari dans le testament de Jeanne de Vezins, du 17 août 1625. Leurs enfants furent :

DE SAVÈRE :

1o Charles de Lupé, écuyer, seigneur du Garané et de la Cassagne, marié avec Jeanne de *Montesquiou*, fille de Jean de Montesquiou, IIe du nom, seigneur de la Serre, et de Jeanne de la Serre de Soubessens. Il fut présent avec sa femme, le 23 février 1649, au contrat de mariage de Jean-François de Montesquiou, leur neveu. Charles de Lupé mourut sans postérité avant le testament de son père ;

2o François de Lupé, qui continue la descendance ;

3o Jean de Lupé, ecclésiastique. Il donna sa succession à François, son frère, par son testament du 12 juillet 1664 ;

4o Françoise de Lupé, mariée 1o par contrat du 6 novembre 1629, avec Antoine *de*

Pardaillan, seigneur et baron de Durfort et de Bonas ; 2° par contrat du 21 mars 1640, avec noble Jean *de Cantaloup*, seigneur de Saint-Cricq ;

5° Marie de Lupé, par contrat du 20 août 1656, avec noble Jean *de Faudoas*, seigneur d'Ariès et de Saint-Avent, veuf de Catherine de Mauléon, et second fils de Henri-Aimeri de Faudoas, seigneur de Seguenville, et de Catherine de la Mothe-Isaut ;

6° Thérèse de Lupé, légataire de son père le 5 mai 1656.

XI. François DE LUPÉ, écuyer seigneur du Garané, de la Cassagne, de Lasseran, etc., institué héritier universel de son père, en 1656, et de Jean son frère, en 1664, fit son testament olographe le 25 avril 1683, et mourut avant le 9 septembre 1693, date du testament de Marie DE CASTAING, sa veuve, qu'il avait épousée le 15 mars 1646, et qui était fille de Jacques de Castaing, et de Peronne ou Pétronille de Noustens. Ils eurent quatre fils et quatre filles :

DE CASTAING : d'argent, au châtaigner de sinople.

1° Joseph de Lupé, qui commandait un bataillon au régiment de Picardie en 1683, fut depuis colonel du régiment de Béarn, et ne vivait plus le 9 septembre 1693;

2° Louis de Lupé, doyen du chapitre de l'Isle-Jourdain ;

3° Pierre 1er, qui continue la descendance;

4° Charles de Lupé, archidiacre et chanoine de Lectoure;

5° Jeanne-Marie de Lupé, ⎫
6° Thérèse de Lupé, ⎪
7° Marie de Lupé, ⎬ religieuses.
8° Marguerite de Lupé; ⎭

XII. Pierre DE LUPÉ, chevalier, seigneur de Garané, de Saint-Avit, de Frandat, de Clarac, de Lasseran, etc., légataire de son père en 1683, fut capitaine au régiment royal, puis lieutenant au gouvernement de la Bastille. Le 7 mars 1699, il fut maintenu dans sa noblesse par M. Le Pelletier de la Houssaye. Il fit son testament le 10 avril 1725, et vivait encore avec sa femme le 31 octobre 1725. Il avait épousé, par contrat du 14 août 1697, Anne-Marie-Françoise DE NOÉ, fille de Roger de Noé, chevalier, seigneur marquis de l'Isle-Savère, de la Castagnère et de Soubagnan, capitaine de

DE NOÉ : losangé d'or et de gueules.

50 hommes d'armes des ordonnances du roi , sénéchal et gouverneur des
quatre vallées d'Aure, de Magnoac , de Nestés et de Barousse , et de Jeanne
Marguerite du Pouy de Marignac. De cette alliance naquirent :

1º Louis' dont l'article suit ;
2º Marc-Roger de Lupé , chevalier de l'ordre de Saint-Jean de Jérusalem , commandeur du plan de la Peyre, en Provence. Il fit son testament le 8 janvier 1754 ;
3º Louis-François de Lupé , auteur du *rameau de Besmaux*, rapporté ci-après ;
4º Charles-Gabriel de Lupé, chanoine de l'église cathédrale d'Auch.

XIII. Louis , comte de Lupé, marquis de Besmaux , chevalier , seigneur
du Garané , de Montaignan , de Lasseran , de Saint-Avit en partie , de Frandat , de Lioux , d'Avezan et autres lieux , fut pourvu le 7 septembre 1748
de la place de capitaine de la capitainerie-garde-côtes de la Barre de Mont.
Il fit son testament olographe le 7 mai 1768 , et mourut peu de temps
avant le 15 décembre 1774 , date de l'ouverture de son testament. Il est rappelé , sous la date du 15 avril 1778 , dans celui de sa veuve, Françoise-
Sidonie COLBERT , qu'il avait épousée , par contrat du 51 octobre 1755 ,
et qui était fille de François Colbert de Saint-Mars , chef d'escadre des
armées navales , commandeur de l'ordre royal et militaire de Saint-Louis ,
et de haute et puissante dame Charlotte Lée. Elle rendit père de :

COLBERT :
d'or, à la bisse d'azur.

1º Pierre-Charles-Joseph , dont l'article viendra ;
2º Charles-François de Lupé , né le 22 mai 1729 ;
3º Marc-Roger de Lupé , né le 24 novembre 1734 ;
4º Jean-Baptiste de Lupé , né le 15 avril 1734 ;
5º Louis-François-Dominique, vicomte de Lupé , né le 9 mars 1736 , chevalier de
l'ordre royal et militaire de Saint-Louis, capitaine de cavalerie au régiment. Commissaire-Général , époux, en 1788, de Marie-Françoise *le Doux de Montigny*, et
père de :
Louis-Paul-Ferdinand , vicomte de Lupé , officier supérieur des gardes-du-
corps du Roi , lieutenant dans la compagnie de Croy-d'Havré , avec le grade de
maréchal-de-camp , marié à Marie-Auguste de Menou , dont est issue Marie-
Françoise de Lupé , mariée au comte George Dillon , dont est issu Robert
Dillon ,
6º Léon de Lupé , mort en mer ;
7º Anne-Thérèse de Lupé , née le 9 juin 1730 , religieuse au monastère du Paravis,
ordre de Fontevrault, au diocèse de Condom. Elle vivait en 1817 ;

8º Thérèse-Sidonie de Lupé, religieuse au même monastère ;

9º Marie-Elisabeth-Thérèse de Lupé, épouse de N...., marquis de *Léaumont*;

10º Anne-Elisabeth-Thérèse de Lupé, mariée avec messire François d'Agos ;

11º Thérèze-Louise-Charlotte-Clémentine de Lupé, épouse de N...., comte de *Montlezun.*

XIV. Pierre-Charles-Joseph, marquis DE LUPÉ, seigneur de Saint-Avit, du Paravis, de Frandat et autres places, naquit le 5 juillet 1727. Il fut fait cornette au régiment de Beauvilliers, le 1er août 1743, et capitaine au même corps le 11 avril 1747. Il succéda aux titres et biens de son père le 15 décembre 1774. Il avait épousé, par contrat du 22 septembre 1762 Madelaine D'ANGOSSE DE CORBÈRES, fille de haut et puissant seigneur Etienne d'Angosse, de Peirouse et autres lieux, et de Marie d'Incamps de Loubie. De ce mariage sont issus :

D'ANGOSSE : d'azur, à trois épées rangées d'argent; au chef d'or, chargé d'un cœur de gueules, accosté de 2 merlettes affrontées de sable.

1º Pierre de Lupé, né le 14 mai 1766, mort en bas âge ;

2º Charles de Lupé, né le 13 février 1768, officier au régiment de Cambrésis, l'un des prisonniers massacrés à Versailles le 8 septembre 1792 ;

3º Pierre II, qui continue la descendance ;

4º Joseph, dont la postérité sera mentionnée après celle de son frère aîné ;

5º Jean-Chrysostôme de Lupé, né le 27 mars 1773, officier d'infanterie au régiment Colonel-Général. Il a émigré, et habite actuellement la Louisiane ;

6º Louise de Lupé, née le 25 décembre 1763, épouse de Claude *de Laurière*, baron de Moncaut ;

7º Étiennette-Madelaine de Lupé, née le 14 novembre 1764, épouse de N..... comte de *Polastron-la-Hillière.*

XV. Pierre, IIe du nom, comte DE LUPÉ, né le 30 juillet 1769, habitant à Tonneins-sur-Garonne, a épousé, le 19 avril 1801, Marie-Anne DE BRUET. De ce mariage sont issus :

DE BRUET : écartelé, aux 1 et 4 de gueules, au lion d'argent ; aux 2 et 3 d'argent ; à la croix de Malte de gueules.

1º Pierre-Charles-Joseph-Gaston de Lupé, né le 1er avril 1802 ;

2º Joseph-Clément-Irénée de Lupé, né le 23 mai 1803.

XV. Joseph, marquis DE LUPÉ, né le 5 mars 1771, résidant au château de la Cassagne, près Lectoure, 4e fils de Pierre-Charles-Joseph, marquis de Lupé, et de Madelaine d'Angosse de Corbères, a épousé, en 1802 , Pauline DE VILLENEUVE-LA-CROISILLE. De ce mariage sont nés un fils et deux filles :

     1° Odon de Lupé.
     2° Sidonie de Lupé ;
     3° Joséphine de Lupé.

RAMEAU DE LUPÉ , établi près de Dax.

XIII. Louis-François DE LUPÉ DU GARANÉ, marquis de Besmaux, né le 17 janvier 1705, 3ᵉ fils de Pierre Iᵉʳ de Lupé, chevalier, seigneur du Garané, et d'Anne-Marie-Françoise de Noë, fut capitaine de grenadiers au régiment d'Aquitaine, et chevalier de l'ordre royal et militaire de Saint-Louis. Il est décédé en 1781, laissant du mariage qu'il avait contracté, le

21 avril 1754, avec Françoise-Madelaine DE MORLANS, fille de Guillaume de Morlans, capitoul de Toulouse :

     1° Louis-Guillaume, marquis de Lupé du Garané, né le 11 octobre 1756, officier supérieur en retraite, ancien capitaine au régiment Royal-Picardie, chevalier de l'ordre royal et militaire de Saint-Louis, et des ordres de Malte et de Saint-Lazare. Il est monté dans les carrosses du roi, et a eu l'honneur de suivre S. M. à la chasse, le 12 novembre 1784, après avoir fait ses preuves au cabinet du Saint-Esprit. Il a épousé, en 1796, Julie *de Lau de Lusignan-Saintrailles ;*

     2° Guillaume-Jacques de Lupé, né à Auch , le 7 mai 1750, chanoine de Lescar en 1770, et de Bayonne en 1803 ;

     3° Louis de Lupé de Besmaux, né à Auch, le 4 juillet 1760 , cadet-gentilhomme au régiment de Foix le 1ᵉʳ juillet 1776; sous-lieutenant le 7 novembre 1778 ; lieutenant le 17 juin 1782; capitaine le 6 mai 1789, et ancien aide-de-camp du prince de Nassau, décédé en 1813, sans avoir été marié ;

     4° Urbain dont l'article suivra ;

     5° Marc-Antoine-Angélique de Lupé, né à Auch le 8 mars 1765 , ancien officier au régiment de Forez, chevalier de l'ordre royal et militaire de Saint-Louis, résidant à Saint-Pandelon, près de Dax. Il a épousé, à la Guadeloupe, en 1793 , N.... *la Vielle,* dont il a eu, entr'autres enfants :

       A. Léo de Lupé, né à la Guadeloupe en 1802 ;

       B. Auguste de Lupé, né à la Guadeloupe en 1808 ;

       C. Mélina de Lupé, née dans la même île en 1806 ;

6° Élisabeth-Marguerite de Lupé, demoiselle de Saint-Cyr, morte en 1803, sans avoir été mariée ;

7° Françoise-Thérèse de Lupé, mariée, en 1772, avec N.... *de la Busquerie*, morte sans enfants.

XIV. Urbain, vicomte DE LUPÉ, né à Auch le 7 septembre 1762, ancien officier au régiment Colonel-Général, infanterie, intendant militaire, chevalier de l'ordre royal et militaire de Saint-Louis, et de l'ordre royal de la Légion-d'Honneur, résidant, avec sa famille, au château d'Artassin, près Mont-de-Marsan, a épousé à Lille en Flandre, au mois de février 1791, Marie-Françoise-Euphrosine DE BADTS, dont sont issus :

DE BADTS ,

1° Alphonse-Eugène-Marie, vicomte de Lupé, né à Tournay (Pays-Bas), le 21 septembre 1791, capitaine d'infanterie au 1er régiment de la garde royale, marié, en 1824, avec Amanda *de Borda de Charrite* ;

2° Adèle-Louise de Lupé, née à Bruxelles, au mois d'avril 1794, chanoinesse du chapitre noble de Witmarchen, en Westphalie.

SEIGNEURS DE MONTLAUR, *au pays de Foix.*

IX. Tristan DE LUPÉ, écuyer, seigneur de Mérens, près Auch, co-seigneur de Lherm, au pays de Foix, second fils de Charles de Lupé, écuyer, seigneur du Garané et de Lasseran, et de Jeanne du Garané, épousa, par contrat du 18 août 1588, passé au château de Savignac, près de Lombès, devant Fortanier Dubarrat, notaire royal du lieu de Beaufort en Rivière, et en présence de messire Jean de Lombès, chevalier de l'ordre du Roi, capitaine de 50 hommes d'armes, seigneur et baron de Savignac, messire Philippe d'Esparbès, chevalier de l'ordre du Roi, seigneur de Lussan et de la File, Jacques de Roux, seigneur de Segreville, Carbon de Lupé, seigneur du Garané, Jean de la Salle-Neuve, Jean de Verdusan, seigneur du Saint-Quirié, Guillaume de Torraine, écuyer, et Jean de Pégulhan, Marguerite DE NAVAILLES, dame de Montlaur, fille d'Antoine de Navailles, et de Marguerite de Roux de Segreville. Il fut stipulé par le contrat que le fils aîné qui naîtrait de ce mariage porterait écartelées les

DE NAVAILLES : comme à la page 20.

armoiries de Lupé et de Navailles. Le 4 septembre de la même année, Tristan de Lupé prit possession de la place de Mérens, dont le maréchal de Matignon lui avait confié la garde. Par sentence arbitrale du 6 novembre 1590, rendue devant Thibault, notaire royal du lieu de Saint-Donec, Cardon de Lupé fut condamné par Jeanne du Garané, sa mère, à payer à Tristan de Lupé, son frère, 766 écus d'or sol deux tiers pour augment de légitime, tant paternelle que maternelle, vu, dit cette dame, qu'il existe quatre enfants d'elle et de feu Charles de Lupé, son mari. Marguerite de Roux de Segreville constitua un legs de 6000 livres à Tristan de Lupé, par le testament qu'elle fit le 5 août 1590. Par arrêt du parlement de Toulouse, séant à Béziers, du 16 février 1594, Tristan et sa femme furent condamnés à remettre la seigneurie de Mérens à Blaise de Navailles, *dit* de Montlaur, leur oncle, et à lui rembourser, ainsi qu'à son frère Pierre de Navailles, archidiacre de Pardaillan et chanoine de l'église cathédrale d'Auch, les sommes qu'ils avaient fournies pour faire poursuivre les meurtriers d'Antoine de Navailles, leur frère, père de Marguerite (qui avait été assassiné le 20 avril 1583). Ces deux époux reçurent une reconnaissance féodale des habitants de Lherm, passée devant de Las-Cases, notaire à Foix, le 2 septembre 1618. Tristan mourut avant le 30 mai 1633, et sa veuve vivait encore en 1640. Leurs enfants furent :

1° Jean-François I, dont l'article suivra ;

2° Marguerite de Lupé, femme, avant l'an 1640, de noble Jean-François *de Larroquan,* sieur de la Tronquette ;

3° Jeanne de Lupé, mariée, par contrat passé devant Goffres, notaire royal à Foix, le 15 février 1640, à noble Bernard *de Salvat,* seigneur de Montfort, fils de noble Aimeric de Salvat (ou Salbat) damoiselle Françoise de Salien. Elle eut en dot 6000 livres, que lui constitua François de Larroquan, son beau-frère, comme fondé de procuration de Marguerite de Navailles. Elle vivait le 11 août 1669 ;

4° Marguerite de Lupé, mariée, par contrat passé devant le même Goffres, notaire à Foix, le 30 mai 1633, avec noble Arnaud *d'Escornebœuf,* seigneur de Lanoux. Elle eut en dot 5000 livres ;

5° Catherine de Lupé,
6° Marguerite de Lupé, } religieuses au couvent de Sainte-Claire de Montauban.

X. Jean-François DE LUPÉ, 1ᵉʳ du nom, seigneur de Montlaur, et de Lherm, co-seigneur de la ville de Foix, épousa, en premières noces, par contrat passé le 14 octobre 1640, dans le château d'Espérandieu-sous-Belvèse, en Razès, diocèse de Narbonne, devant Calvet, notaire, damoiselle Diane DE GELLY, fille de feu Jean de Gelly, sieur de Gincla, et de Françoise de Caminié. Diane fut assistée de Marguerite de Las-Cases, *sa sœur*. Elle se constitua en dot 5000 livres, et une métairie tenue par elle en engageant pour 4600 livres, de noble Jean-Louis de Gelly et de Montlaur, son frère. Ce contrat fut passé en présence de messire Salomon de Levis, seigneur de Limbrassac, noble Geraud de Niort, Pierre de Nigré, conseiller du roi, bailli de Sault, cousin-germain de Diane de Gelly, noble Jean d'Arcelles, sieur de Paupils, Louis-Alexandre du Vivier, seigneur de Sarraute, son neveu, etc. Le 7 décembre 1650, Jean-François de Lupé reçut de noble Arnaud d'Escornebœuf, son beau-frère, quittance de la somme de 769 livres, à compte sur celle de 3000 livres, due pour reste de la dot de Marguerite de Lupé, son épouse. Le 30 octobre 1664, Diane de Gelly fit son testament devant Maffre, notaire royal, et fut inhumée dans l'église de Lherm. Jean-François de Lupé épousa en secondes noces, par contrat du 17 avril 1665, passé devant Arnaud, notaire du Carlat, en présence de Pierre de Lort, prêtre, recteur de Belvèze, et de noble Elie de Gouzens, etc., damoiselle Gassienne DE LOM, fille de noble François de Lom, sieur de Courtouse, et damoiselle Perrette de Gouzens. Il eut de sa première femme :

DE GELLY :

DE LOM :
d'argent, à l'ormeau de sinople.

1° Jean-François II, qui suit ;

2° Anne de Lupé,
3° Marguerite de Lupé, } légataires de leur mère le 30 octobre 1664.

XI. Jean-François DE LUPÉ, IIᵉ du nom, seigneur de Montlaur, de Lherm, des Marsals, etc., co-seigneur de la ville de Foix, fut institué légataire de sa mère le 30 octobre 1664. Il épousa, par traité du 18 juin 1667, demoiselle Constance DE MÉRIC, fille de feu Pierre de Méric, syndic-général du pays et comté de Foix, et de Jeanne de Balansa. Elle fut assistée

DE MÉRIC :
d'argent, au tourteau de gueules, chargé d'une merlette d'or.

de noble Jérôme de Fournier, sieur de Garanon, conseiller du roi et
viguier souverain de la vallée d'Andorre. Il lui fut constitué en dot 8000
livres. Ces deux époux firent une cession à messire Louis d'Hébrail, seigneur de Brésis, par acte passé devant François Douguet, notaire royal,
le 1er avril 1674, Jean-François de Lupé donna à Constance de Méric, sa
femme, une procuration passée devant Gabarre, notaire, le 14 juin 1677,
pour recevoir les reconnaissances de ses emphythéotes. Une de ces reconnaissances fut délivrée le 15 août suivant. Le 10 juillet 1682, noble
Jérôme de Fournier, seigneur de Garanon, et Jeanne de Balansa, son épouse,
donnèrent à Jean-François de Lupé, leur procuration notariée par Pierre
Bouquier, à Foix, pour assister au pacte de mariage de Jeanne de Fournier,
leur fille, veuve de Bernard Mulhières, seigneur du Bac, avec Jean du
Périer, seigneur de Saint-Jean. Constance de Méric vivait en viduité le 25
août 1691. Elle fit au château de Lherm, devant Nougué, notaire, le 25
juillet 1718, son testament, qui ne fut ouvert que le 12 juin 1726, et par
lequel, entr'autres dispositions, elle voulut être inhumée en l'église de
Saint-Barthélemi de Lherm, au tombeau de feu son époux, dont elle
déclara avoir eu pour enfants :

1o Jérôme qui suivra ;
2o Jean-Pierre de Lupé, décédé *ab intestat* avant le 18 janvier 1710. Il laissa un
    fils *naturel*, nommé Jean, auquel Constance de Méric, qui l'avait pris à son
    service, légua 60 livres en 1718 ;
3o Joseph de Lupé de Montlaur, légataire de sa mère en 1718. Il était entré au
    service dans les gardes-du-corps, compagnie écossaise, en 1710, et y servait
    encore le 24 novembre 1724, date d'un testament mutuel qu'il fit avec Marguerite
    de Lupé sa sœur, et par lequel ils se substituèrent réciproquement leurs biens.
    Il fut nommé garde de la manche le 26 avril 1732, et sous-brigadier des gardes-
    du-corps le 19 mars 1741 ;
4o Jean-François de Lupé, décédé *ab intestat* avant le 18 janvier 1710;

5o Marguerite de Lupé ,   ⎱ héritières, avec Joseph de Lupé, de Jean-Pierre et
6o Louise-Thérèse de Lupé, ⎰ Jean-François de Lupé, leurs frères, et légataires
                             de leur mère, en 1718.

XII. Jérôme DE LUPÉ, co-seigneur de Montlaur, de Lherm et autres
lieux, baptisé le 11 août 1669, épousa, par contrat passé devant du

Mas, notaire à Foix, le 12 juin 1692, Bernarde DE DURAN, veuve de feu noble Joseph de Montaud, seigneur de Junac. Jérôme de Lupé transigea avec sa mère, au sujet du partage des biens de Jean-Pierre et Jean-François de Lupé, ses frères, le 18 janvier 1710, et par cet acte il céda à Constance de Méric le château de Lherm. Cette dame l'institua son héritier principal le 25 juillet 1718. Il transigea, par acte passé sous seings privés, le 9 novembre 1626, avec Joseph de Lupé, son frère, co-seigneur de Montlaur et de Lherm, agissant tant pour lui qu'au nom de Marguerite de Lupé, sa sœur. Il fut arrêté par cet acte que Jérôme de Lupé jouirait à perpétuité, ainsi que ses descendants, de la moitié de la seigneurie de Montlaur, et de la terre de Lherm, baronnie des états du pays de Foix le 25 mai 1752, et fut inhumé en l'église de Saint-Barthélemi de Lherm. Sa veuve fit son testament le 6 mai 1741, et survécut jusqu'au 17 mai 1745. Leurs enfants furent :

DE DURAN : écartelé, aux 1 et 4 d'argent, à la barre de gueules, chargée de trois étoiles d'or ; aux 2 et 3 de gueules à l'aigle couronnée d'argent ; sur le tout de sable, à 4 otelles d'argent adossées en sautoir.

1° Pierre de Lupé, co-seigneur de Montlaur et de Lherm, et en cette dernière qualité membre des états du pays de Foix, ainsi qu'on le voit par une délibération de ces états du 18 décembre 1725. Il passa un accord sous seings privés, avec son père, le 29 juillet 1727, et partagea la succession paternelle avec sa mère et ses frères et sœurs le 6 janvier 1733. Il avait épousé 1° par contrat du 17 septembre 1720, Jeanne *de Meric*, morte sans enfants, fille de Claude de Méric, seigneur de Saint-Martin et de Boulon, et de dame Jeanne de Rignac ; 2° par contrat du 16 novembre 1724, Thérèse *de Molières*, fille de Bernard de Molières, seigneur de Commebelle, conseiller du roi, et de dame Marie-Anne d'Azéma. Il n'a eu de ce second mariage que des filles. Il vivait encore en 1755 ;

2° Volusien, qui a continué la descendance ;

3° Joseph de Lupé, seigneur des Marsals et de Caraybat, légataire de sa mère en 1741. Il vivait en 1755 ;

4° François de Lupé de Las-Coumes, vivant en 1733, décédée avant 1741, lieutenant au régiment du Piémont ;

5° Catherine de Lupé, épouse de N.... *de Séré*, ancien capitaine d'infanterie, et chevalier de Saint-Louis, dont elle était veuve et avait des enfants en 1755 ;

6° Marie-Catherine de Lupé des Marsals, qui était mariée, en 1755, avec N... *de Foucaud*, ancien capitaine d'infanterie, et chevalier de Saint-Louis.

XIII. Volusien DE LUPÉ, chevalier, seigneur de Montlaur, puis baron de Lherm et des états de Foix, d'abord mousquetaire dans la garde du roi

DE LUPÉ.

en 1711, puis en 1714, lieutenant dans le régiment de Piémont, et lieutenant de la compagnie colonelle de ce régiment, en 1719, est qualifié
capitaine dans l'accord sur partage des successions paternelle et maternelle
qu'il fit avec sa mère et ses frères et sœurs le 6 janvier 1733, pardevant
Nogué, notaire royal à Varilhes. Il est qualifié ancien capitaine de grenadiers au régiment de Piémont, et chevalier de l'ordre royal et militaire de
Saint-Louis, l'orsqu'à sa requête, Jean du Mas, notaire à Foix, fit l'ouverture du testament de sa mère, le 24 avril 1764, y rappelle feu dame Anne
Mas, son épouse, et nomme les deux enfants qu'il en avait eus, savoir :

DU MAS :
d'azur , à deux mâts
de vaisseau rangés
d'argent.

1° Jean-Volusien, dont l'article suit ;
2° Jeanne de Lupé, que son père dota de la somme de 10,000 livres.

XIX. Jean-Volusien DE LUPÉ, chevalier, demeurant au château de la
Barthe, canton de Salles, arrondissement de Castelnaudary, épousa, par
contrat passé au château de Montauriol, diocèse de Mirepoix, pardevant
Victor Vidal, notaire royal de Salles, le 25 juillet 1787, Anne-Claude-
Josèphe-Pauline DE VENDOMOIS DE FONTAINES, fille de messire Jean de
Vendomois de Fontaines, chevalier, seigneur de Belflou, de la Barthe, de
Milhas, etc., co-seigneur d'Avignonet, et de dame Anne-Dorothée de Sei-
gneuret. Jean-Volusien fut assisté de messire Antoine-Jérôme de Seré, son
cousin, de dame Jeanne du Perier de Canneville, et de messire Jean-
Etienne du Perier, chevalier, seigneur de Monestrol ; la future épouse fut
assistée de messire François-Louis-Victor de Vendomois, son frère, chanoine du chapitre de Castelnaudary, de Henriette de Vendomois, sa sœur,
de messire Jean-Pierre de Vendomois, ancien capitaine au régiment Royal-
Rousillon, chevalier de Saint-Louis, son oncle, d'Anne-Pauline de Sei-
gneuret, épouse de Victor Denos, chevalier, seigneur de Montauriol, ses
oncle et tante maternels, de messire Jean-Joseph-François-Thomas,
marquis de Portes, chevalier, sénéchal et gouverneur de la ville de Toulouse et du pays d'Albigeois, et de son épouse Catherine-Françoise de
Beaumicourt. Elle eut en dot 48,000 livres. De ce mariage sont issus :

DE VENDOMOIS :
d'hermine , au chef
d'or , chargé de trois
fasces de gueules.

1° François-Louis-Volusien de Lupé, né le 21 septembre 1799 ;
2° Pauline de Lupé, décédée épouse de noble Julien *de Viguerie* ;
3° Dorothée-Anne de Lupé ;
4° Élise-Louise de Lupé.

SEIGNEURS DE MARAVAT, DE CASTELJALOUX, etc., *éteints*.

VI. Jean DE LUPÉ, Ier du nom, chevalier, seigneur de Maravat de la Lanne, de Casteljaloux, de Miremont, de Lauret, etc., qualifié *noble et puissant homme*, fils de Carbonnel III, seigneur de Lupé, et de Navarre de Maravat, sa seconde femme, fut institué légataire d'une somme de 800 florins d'or, par le testament de son père, du 4 juillet 1434, et Marguerite de Maravat, dame de Montaigu, sa tante, le nomma son héritier universel le 28 octobre 1451. Il fit, le 20 février 1452 *(v. st.)*, conjointement avec Carbonnel, son frère, un échange *(*dans le lequel ils sont nommés *de Leypé)*, avec Antoine *de Comera*, habitant de Pins. Le 7 avril 1460, Jean de Lupé reçut le serment de fidélité des habitants de Casteljaloux. Il servait, en 1461, en qualité d'archer de la compagnie de Martin de Chamarre, écuyer, puis en celle d'homme d'armes dans la compagnie de Gaston du Lyon, sénéchal de Toulouse, qui fit montre à Damvilliers, le 11 juin 1475. On le voit compris avec la qualité de *chevalier* (dans les actes antérieurs il a celle de *damoiseau*), dans un compte de Guillaume de la Croix, trésorier des guerres, commençant au 1er janvier 1476 *(v. st.)*, et finissant le dernier décembre 1477. Il passa un accord avec les consuls de Casteljaloux, le 2 janvier 1485 *(v. st.)*, renouvela et confirma, le 11 janvier 1488 *(v. st.)*, les anciennes coutumes que Hot ou Odon, seigneur de Maravat, chevalier, avait accordées, en 1276, aux habitants de Maravat, et ne vivait plus le 6 février 1493. Il avait épousé 1° par contrat du 22 février 1453 *(v. st.)*, Marguerite DE GALARD, fille d'Aissin de Galard, damoiseau, seigneur de Terraube. Elle fut autorisée par son mari, le 22 janvier 1455 *(v. st.)*, à donner quittance à son père, tant de sa dot de mariage que du legs testamentaire que lui avait fait Seignoret de Montagut, son oncle *(Minutes de Me Comin, notaire à Lectoure)*. Marguerite de Galard testa en faveur de son mari le 1er septembre 1465, et mourut sans postérité ; 2° par contrat du 6..... 1466, Florette DE VERDUSAN, fille de Bernard, seigneur de Verduzan, de Miran et de Belitte de Verdusan, dame de ce lieu. De ce second mariage sont nés :

DE GALARD : d'or, à 3 corneilles de sable, becquées et membrées de gueules.

DE VERDUSAN ; d'azur, à 2 besants d'argent.

1º Jean II e , qui suit ;

2º Suzanne de Lupé, mariée avec noble Odet *du Fourc.* o-seigneur de Monstastruc,

3º Agnès , *dite* aussi Agnette ou Annette de Lupé , qui fut mariée , par contrat du
6 février 1493 *(v. st.)* , avec noble Pierre *de Montesquiou* , écuyer , seigneur de
Marsan , qui alors n'avait que dix-huit ans , et était fils de Bertrand de Montesquiou , seigneur d'Aignan et de Marsan , et de Catherine de Goth de Rouillac ,
sa première femme. Ce mariage fut fait en présence de Guiraud de Lupé, chanoine
et prieur de Montesquiou en l'église d'Auch (*Arch. de M. de Montesquiou de
Marsan)* ;

4º Florette de Lupé , mariée avec Pierre , bâtard *d'Armagnac* , baron de Caussade,
puis comte de l'Isle-Jourdain , légitimé en 1510 , fils naturel de Charles Ier , comte
d'Armagnac , et de Marguerite du Claux. De ce mariage est né Georges d'Armagnac , successivement évêque de Rodez , cardinal du saint-siége , archevêque de
Toulouse , et enfin légat et archevêque d'Avignon , qui fut chargé par le pape des
missions les plus importantes pendant les troubles et les guerres civiles du comté
Vénaissin. (*Histoire manuscrite du Rouergue , par M. Ant. Bonal , chap. des
évêques de Rodez. p. 936 et suiv.* à la *Bibliothèque du Roi , vol.* 8317 ; *Gall.
christ , t. XIII , col.* 509).

VII. Jean DE LUPÉ , II e du nom , damoiseau , seigneur de Maravat , de
la Lanne et de Casteljaloux , co-seigneur de Lauret et de Miremont , qualifié *noble et puissant homme* , servait , le 18 juin 1491, dans la compagnie
de 60 lances du comte de Foix. Le 6 février 1493 , il assista au mariage
d'Agnès , sa sœur , qui , par ce contrat , lui fit l'abandon de tous les droits
qu'elle pouvait avoir dans les successions de leurs père et mère ; fit à Paris,
le 17 février 1497 *(v. st.)* , son testament , par lequel il voulut être inhumé dans l'église des Cordeliers , en la chapelle du duc de Nemours , et
mourut avant le 28 du même mois. Il avait épousé, par contrat du 7 mars

DE VICDONT : 1494 *(v. st.)* Agnès DE VICMONT D'ORNESAN, fille de noble et puissant
écartelé , aux 1 et 4
d'or, à trois corneilles homme Jean de Vicmont d'Ornesan , baron de Montagut en Gadagne , sei-
de sable , qui est *de*
Vicmont; aux 2 et 3 gneur de Tournecoupe , auquel Jean de Lupé donna quittance , le 25 jan-
d'azur , au lion d'or ,
qui est *d'Ornesan.* vier 1495 *(v. st.)* , d'une partie de la dot constituée à sa femme. Agnès
de Vicmont d'Ornesan fit son testament le 11 mai 1557 , et elle est rap-
pelée avec son mari dans une enquête que fit faire , le 22 février 1540
(v. st.) , Carbonnel de Lupé , leur petit-fils , où il est dit que Jean II ,
son aïeul , « avait commencé à servir en Bourgogne , puis en Italie , où il
» avait assisté à la conquête de Milan , et qu'il avait été tué (c'est-à-dire
» blessé mortellement) à Paris. » Ils laissèrent un fils et une fille :

2° Pierre, dont l'article suit ;

2° Agnès de Lupé, mariée, le 21 juillet 1518, à noble Jean de *Forgues*, fils d'autre Jean de Forgues, seigneur d'Espans, en Armagnac.

VIII. Pierre DE LUPÉ, écuyer, seigneur de Maravat, co-seigneur de Casteljaloux, de Lauret, de Lalanne et de Miremont, institué héritier universel de son père, le 17 février 1497, était sous la tutelle de Carbonnel seigneur de Lupé, maître d'hôtel ordinaire du roi, son oncle à la mode de Bretagne, ainsi qu'on le voit par des actes des 16 janvier 1509 (*v. st*), 5 avril et 21 juillet 1516 et 15 septembre 1517. Pierre de Lupé épousa, par contrat du 25 novembre 1518, et avec dispense de Rome, Anne D'ARZAC, fille de noble dame Seguine d'Ornesan, et sœur de Cagnar, baron d'Arzac et d'Encausse. Anne d'Arzac était veuve le 7 novembre 1530, date d'une procuration qu'elle passa en qualité de tutrice de ses enfants, qui furent :

D'ARZAC : d'argent, à 3 bandes de gueules ; au chef cousu d'or, chargé d'une aigle éployée de sable.

1° Carbonnel IV, dont l'article suit ;

2° Antoine de Lupé, dont on ignore la destinée ;

3° Jean de Lupé, seigneur de la Lanne, qui fut père de :
Jeanne de Lupé, mariée, vers l'an 1570, avec Guillot *de Montpeyroux*, seigneur du Bousquet et de la Garde ;

4° Anne de Lupé, alliée par contrat du 27 février 1543 (*v. st.*), avec Jean, seigneur *de Lomas*, en Béarn ;

5° Jeanne de Lupé, vivante en 1530.

IX. Carbonnel ou Carbon DE LUPÉ, IV° du nom, écuyer, seigneur de Maravat, de la Lanne, de Lauret, de Miremont, etc., co-seigneur de Casteljaloux, était, avec ses frères et sœurs, sous la tutelle de leur mère le 7 novembre 1530. Lui et Antoine de Lupé, son frère, furent institués héritiers universels d'Agnès de Vicmont d'Ornesan leur aïeule, le 11 mai 1537. Carbonnel de Lupé fit faire, le 22 février 1540, au sujet de la terre de Casteljaloux, une enquête où sa généalogie est rapportée depuis Jean 1er de Lupé, son bisaïeul, époux de Florette de Verduzan. Le 5 décembre 1541, Carbonnel de Lupé et Anne d'Arzac, sa mère, obtinrent du sénéchal d'Armagnac, une sentence qui leur adjugea la 5e partie de la seigneurie de Casteljaloux, contre François et Bernard de Biran, qui en étaient co-propriétaires. Carbonnel servit, en 1556, 1557, 1559 et 1561, en qualité d'homme d'armes de la compagnie du roi de Navarre. Etienne d'Arzac, son oncle maternel, commandeur de l'ordre de Saint-Jean de Jérusalem, lui fit présent d'une somme d'argent le 12 juillet 1558. Le 21 janvier 1564, il transigea avec Henri de Rivière, seigneur de Langros, son beau-frère, au sujet de la dot de Suzanne de Rivière, sa femme, et il ne vivait plus le 4 octobre 1574. Il avait épousé, 1º par contrat du 6 avril 1544, Anne DE PINS, fille de Jean, seigneur de Pins et de Montbrun; 2º Suzanne DE RIVIÈRE, fille de noble Bernard de Rivière, seigneur de Langros. Ses enfants furent :

DE PINS :
de gueules, à 3 pom-
mes de pin d'or.

DE RIVIÈRE :
d'argent, à 3 épées
rangées de sable, la
pointe en haut.

Du premier lit :

1º Jacques de Lupé, écuyer, qui parait être décédé sans postérité ;

2º Jean III, qui continue la descendance ;

3º Annibal de Lupé, qui étant sur le point de partir pour l'armée de Flandre, fit son testament le 25 février 1579 ;

4º Anne de Lupé, mariée par contrat du 6 juin 1563, avec noble Frix *de Preyssac*, seigneur de Cadeillan ;

5º Louise de Lupé, alliée le 5 août 1579, avec noble Michel *de Dangereux*, seigneur de Puylauzié, près Lombez ;

6º Marguerite de Lupé, femme de noble Jean *d'Orms*, seigneur de Pujols, en Condomois ;

7º Gabrielle de Lupé, épouse de noble Jean *de Bécave*, seigneur de Clérac ;

8º Cécile de Lupé, alliée par contrat du 12 mai 1591, avec noble Paul *de Sariac*, seigneur de Tilhac, près Mirande ;

Du second lit :

9º Daniel de Lupé, qui était sur le point de partir pour aller servir dans l'armée de Flandre, lorsqu'il fit son testament, le 25 février 1579, en faveur de Jean son frère aîné ;

10º Pierre de Lupé, écuyer ;

11º Josias de Lupé, mort sans postérité.

X. Jean DE LUPÉ, IIIe du nom, écuyer, seigneur de Maravat, de la Lanne, de Lauret et autres lieux, capitaine de 50 hommes d'armes des ordonnances du roi (600 chevaux), gentilhomme ordinaire de la chambre, gouverneur de la vicomté de Fezensaguet et de la ville de Mauvesin, fut nommé capitaine de chevau-légers le 28 décembre 1591, et servit dans toutes les guerres de son temps avec la plus rare distinction. Il reçut des rois Henri IV et Louis XIII, et de Catherine de Médicis, plusieurs lettres remplies de témoignages les plus honorables de la confiance et de l'estime que LL. MM. avaient pour lui, et de la satisfaction qu'elles avaient de ses services et de ceux de ses fils. Le 27 février 1592, Henri IV lui fit don d'une somme de 6000 écus, pour le dédommager des dettes qu'il avait contractées pendant le temps qu'il avait été prisonnier des ennemis. Il fut nommé, le 30 janvier 1593, maréchal-de-camp de l'armée de S. M., en Guienne, puis maréchal des camps et armées du roi, le 26 juillet 1596. La noblesse des comtés d'Armagnac et de l'Isle-Jourdain le nomma député aux états-généraux de 1614. Le 27 septembre 1616, le roi Louis XIII lui fit don de la somme de 5000 livres tournois, en considération de ses services. *(Original à la Bibliothèque du roi.)* Jean de Lupé fit son testament le 17 mai 1618, et ne vivait plus le 5 novembre de la même année. Il avait épousé, 1° par contrat du 7 janvier 1577, Marguerite DE MORLHON, fille de François de Morlhon, seigneur d'Asprières, et de Marguerite de Senneterre; 2° Marguerite D'ASTUGUE. Ses enfants furent :

DE MORLHON : de gueules, au li d'or, lampassé et a mé d'argent.

D'ASTUGUE : écartelé, aux 1 et d'or, à trois pals gueules; aux 2 et d'argent, à la hac de sable.

Du premier lit :

1° Paul, dont l'article viendra ;

2° Jacques de Lupé, légataire de son père le 17 mai 1618;

3° Phinée de Lupé, auteur de la branche des *seigneurs de Tilhac et de Taybosc*, mentionnée ci-après ;

4° Anne de Lupé, femme de noble Joseph, seigneur *de Garraux* ;

5° Suzanne de Lupé, mariée avec N..... seigneur *de Manas*;

6° Percide de Lupé, femme de noble Pierre *de Rapin*, seigneur de Toiras, gouverneur de la ville du Mas;

7° Esther de Lupé, épouse de noble Paul, *seigneur de Merens*;

8° Jsabeau de Lupé, alliée à noble Georges *de Piry*, seigneur du Moulin;

Du second lit : *

9° Alexandre de Lupé, capitaine appointé à la suite du régiment de la marine, suivant une quittance de ses appointements militaires qu'il donna, étant à Roses, en Cataogne, le 14 novembre 1645. *(Oirg. à la Bibliothèque du Roi)* ;

---

* Outre les enfants nommés dans cet article, il paraît que de ce même lit est encore ssu Daniel de Lupé de Maravat, écuyer, lieutenant de frégate de S. M., qui, dans un

10° Pierre de Lupé, seigneur de Lauret. Il épousa, par contrat du 30 décembre 1632, Marie *de Polastron*, dont il eut :

    A. Jean de Lupé, mort en Italie, en 1688;

    B. Phinée de Lupé, qui fut mariée, par contrat du 29 avril 1678, avec Abraham *de Preissac*, seigneur de la Taste et de Cadeillan ;

11° Abrabam de Lupé, mort sans postérité;

12° Marguerite de Lupé, femme de noble Pierre *de Roque*, seigneur de Cressia ;

13° Jeanne de Lupé ;

14° Armoise de Lupé, allié par contrat du 22 juin 1631, avec noble Daniel *de Petit*, seigneur de Montbrison ;

15° Olympe de Lupé, mariée, par contrat du 2 novembre 1638, avec noble Jean *de Sariac*, seigneur de Puissentut.

XI. Paul DE LUPÉ, écuyer, seigneur de Maravat, de Castera et autres lieux, capitaine de chevau-légers, gentilhomme ordinaire de la chambre

---

mémoire de ses services, présenté au duc d'Orléans, régent du royaume, et au conseil de la marine, expose qu'il est sorti de sa province de Guienne, en 1701, guidé par M. de Polastron, son parent, lieutenant de vaisseau, capitaine d'une compagnie franche de la marine, qui a été tué, étant capitaine de frégate sur le vaisseau du roi *le Bourbon*, commandé par M. le comte d'Arquin.

En 1702, il s'embarqua en qualité de cadet et volontaire dans la compagnie dudit sieur de Polastron pour les îles de l'Amérique, sur le vaisseau *le Triton*, commandé par M. de la Bruière-des-Cours, auxquelles îles on joignit M. de Châteaurenault. Ils partirent ensemble pour la Havane et la Vera-Cruz, où ils prirent les galions d'Espagne qu'on conduisait à Vigue, où Daniel de Lupé fut blessé d'un coup de fusil au-dessus du genou, par les ennemis de l'état qui les y vinrent attaquer.

Il servit encore sur mer en 1703 et 1705. En cette dernière année, il fut pris et resta prisonnier en Angleterre sept mois et demi.

En 1706, il s'embarqua à Rochefort, et continua ses services en 1707, 1710 et 1711.

En 1712, il fut fait lieutenant de frégate à la promotion; il était alors du département de Brest.

Son père avait servi plusieurs années dans le régiment de cavalerie de Puységur.

Il avait perdu au service du roi, sur le navire *l'Achille*, un de ses oncles commandant ce navire.

Il a perdu encore un oncle, lieutenant de vaisseau.

Le même témoin rappelle noble Josse de Lupé de Maravat, décédé le 25 mars 1710, âgé de 57 ans 4 mois, qui fut inhumé dans le cimetière de l'église de Douazac. Enfin Jean de Lupé cite sa branche comme cadette de sa maison, et il déclare être lui-même un cadet de cette branche, et avoir quatre enfants, etc.

du roi , succéda à son père dans la charge de gouverneur de la vicomté de
Fezensaguet et de la ville de Mauvésin, le 5 janvier 1606. Louis XIII le pour-
vut de la charge de sénéchal du comté de Rodez, le 30 avril 1620, lui
écrivit, le 4 septembre suivant, pour lui témoigner la satisfaction qu'il avait
de ses services, et le nomma capitaine de chevau-légers, par commission
du 9 novembre 1615. Il fut nommé député de la noblesse de sa province
en 1637, et fit son testament le 20 juillet 1667. Il avait épousé, par contrat du 30 août 1610, Olympe DE LUSTRAC, qui testa le 10 octobre 1658,
et était fille de Gabriel de Lustrac, seigneur et baron de Saint-Sernin, et
d'Anne-de-Rabastens. Elle le rendit père de quatre fils et d'une fille :

DE LUSTRAC : écartelé, aux 1 et 4 de gueules, à 3 fasces d'argent; aux 2 et 3 d'azur, au lion cou- ronné d'or, lampassé et armé de gueules.

1° Paul de Lupé, seigneur d'Allemans, capitaine d'infanterie. Le 30 avril 1660, il fit
son testament en faveur de Phinée, son frère, et il ne vivait plus le 20 octobre de
la même année, date du codicile de sa mère ;

2° Phinée, dont l'article suit ;

3° Jean de Lupé, qui épousa, en 1642, Armoise d'*Astugue*, et fut assassiné, le 7
octobre 1657, par les enfants de Benjamin d'Astugue, oncle de sa femme ;

4° N..... de Lupé Mauvesin, capitaine de gens de pied, qui fut assassiné avec son
frère, le 7 octobre 1657 ;

5° Percide de Lupé, dame de Maravat, après la mort de ses frères, alliée par contrat du 17 août 1643, avec Pierre *de Preissac*, seigneur de Cadeillan, dont la postérité a possédé la terre de Maravat.

XII. Phinée DE LUPÉ, écuyer, seigneur de Maravat et de Lassus, capitaine d'infanterie, servit dans les guerres d'Allemagne, de Flandre, de
Bourgogne, de Roussillon et de Catalogue. Il s'allia 1° le 10 juillet 1661,
avec Anne DE BELRIEU, fille de Jean de Belrieu, seigneur de Tiregan, conseiller du roi au parlement et en la chambre de l'édit de Guienne, de laquelle il n'eut pas d'enfants ; 2° le 24 mai 1674, avec Judith DU POUY,
fille de David du Pouy, seigneur de la Boulbène, et de Judith d'Alba. Il
eut de ce dernier lit :

DE BELRIEU : d'azur, à trois étoiles d'argent en chef, sur- montant une rivière du même, chargée d'un croissant de gueules.

DU POUY : d'argent, au sautoir d'azur, chargé de 5 roses d'or.

1° Paul de Lupé, mort sans avoir été marié ;

2° Percide de Lupé, femme de Jean *de Galard*, marquis de l'Isle.

SEIGNEURS DE TILHAC , DE TAYBOSC, etc.

XI. Phinée DE LUPÉ , écuyer , seigneur de Maravat , et de Marguerite de Morlhon , sa première femme , consentit une quittance de 1000 écus en faveur de son père le 30 juillet 1613. Il fut nommé gentilhomme ordinaire de la chambre du roi le 18 avril 1614 , capitaine d'infanterie le 19 novembre 1615 , et institué héritier particulier de son père le 17 mai 1618. Il fit son testament au lieu de Tilhac , le 1er novembre 1624. Il avait épousé 1° par contrat du 6 mars 1611 , Jeanne DE SARIAC , fille et héritière de noble Paul de Sariac, seigneur de Tilhac en partie , et de Cécile de Lupé ; 2° par contrat du 29 décembre 1631, Paule DE MADAILLAN , fille de Balthazar de Madaillan , et d'Anne d'Elgny de la Roque. Le 31 mars 1635 , il donna quittance d'une partie de la dot de sa seconde femme. Ses enfants furent :

DE SARIAC : d'argent , à la corneille de sable, becquée et membrée de gueules.

DE MADAILLAN : écartelé, aux 1 et 4 taillés d'or et d'azur, qui est *de Madaillan*; aux 2 et 3 d'azur, au lion d'or, qui est *de Lesparre*.

Du premier lit :

1° Paul de Lupé , seigneur de Tilhac , qui fut assassiné le 16 octobre 1656 ;
2° Pierre de Lupé , seigneur de Tilhac , capitaine de chevau légers , lequel s'allia , par contrat du 25 novembre 1660 , avec Marguerie *de Bar ;*

Du second lit :

3° Josué , qui continue la descendance ;
4° Abel de Lupé , dont l'affiliation n'est pas certaine , mais qu'on croit fils du second lit de Phinée , et né après le testament de ce dernier. Il était major du régiment de Bellegarde , cavalerie , en 1677 et 1678.

XII. Josué DE LUPÉ , écuyer , seigneur de Taybosc , légataire de son père le 1er novembre 1654 , fut nommé lieutenant au régiment de Navailles , infanterie , le 8 octobre 1650. Sa mère lui fit une donation le 9 décembre 1660. Il fut maintenu dans sa noblesse , en 1666 , par M. Pellot , intendant en Guienne , puis , le 1er juillet 1698 , par M. de la Houssaye , intendant en la généralité de Montauban. Il avait partagé l'hérédité de sa famille avec Pierre de Lupé, seigneur de Tilhac, son frère ainé, les 5 juillet 1667 et 9 mai 1669. Il fit son testament le 1ᵉʳ juillet 1708, et laissa du mariage qu'il avait contracté, le 5 juillet 1666, avec Marie DU PUY, fille de Samuel du Puy, et de Marie de Rey, trois fils et deux filles :

1° Louis de Lupé, qui servit dans les mousquetaires du roi de Prusse ;

2° Phinée de Lupé, seigneur de Taybosc, qui fit son testament le 27 avril 1759 ;

3° Jean-Jacques, qui suit ;

4° Anne de Lupé, ⎫
5° Marie de Lupé, ⎬ légataires de leur père en 1708.

XIII. Jean-Jacques DE LUPÉ, chevalier, seigneur de Taybosc, etc, fut institué légataire particulier de Josué, son père, le 1ᵉʳ juillet 1708. Il servit en qualité d'officier au régiment d'infanterie de Guienne, où il fut breveté capitaine en 1732, et reçut la croix de chevalier de l'ordre royal et militaire de St-Louis le 4 février 1742. Il fut institué héritier universel de sa mère, le 4 mars 1711, et de Phinée, son frère, le 27 avril 1752, fit son testament le 18 octobre 1759, et laissa du mariage qu'il avait contracté, le 3 août 1748, avec Paule DU MAS, fille de messire Paul-Alexandre du Mas, président et trésorier de France, et de Marie de la Myre de Douazac, un fils, qui suit.

XIV. Jean-Phinée-Suzanne, baron DE LUPÉ, seigneur de Taybosc, de Castillon, etc., né le 7 décembre 1749, institué héritier universel de son père le 18 octobre 1759, a servi dans les mousquetaires, depuis le 11 mai 1766 jusqu'au 15 décembre 1775. Nommé, le 21 mars 1789, député de la noblesse de la sénéchaussée d'Auch aux états-généraux du royaume, il a émigré en 1791. Il fait sa résidence à Fleurance, département du Gers.

SEIGNEURS DE GENSAC, *puis* DE HAUMONT ET DE GARIÈS.

III. Bernard DE LUPÉ, écuyer, second fils de Carbonnel, Ier du nom, seigneur de Lupé, damoiseau, servit avec ses frères, Carbonnel II, seigneur de Lupé, Mengon et Manaud de Lupé, en qualité d'homme d'armes de la compagnie de Thibaut de Barbazan, laquelle fut passée en revue à Condom, pour servir contre les Anglais, le 23 septembre 1552. Il eut deux fils :

N....

> 1° Jean Ier, qui suit ;
> 2° Carbonnel de Lupé, dont on ignore la destinée.

IV. Jean DE LUPÉ, Ier du nom, écuyer, devint seigneur de Gensac, au diocèse de Montauban, par son mariage avec N...... DE LOMAGNE, fille et héritière du seigneur de Gensac, de laquelle il laissa, entr'autres enfants :

DE LOMAGNE :

> 1° Bertrand, dont l'article suit ;
> 2° Agnès de Lupé, mariée, vers l'an 1430, avec Raimond *du Bouzet*, écuyer, seigneur du Castera du Bouzet, fils de Jean du Bouzet, damoiseau, seigneur du même lieu, et de Mondette de Castels, sa seconde femme. Le 3 juillet 1479, Agnès de Lupé fit au Castera du Bouzet, son testament, par lequel elle voulut être inhumée en l'église de Saint-André du Casterac du Bouzet (près Saint-Nicolas de la Grave), à côté de son mari, et nomma ses exécuteurs testamentaires Aimeric de Lupé, seigneur de Gensac, son neveu, et Arnaud-Guillaume de Goth, son gendre.

V. Bertrand DE LUPÉ, seigneur de Gensac, épousa, vers l'an 1432, Pélegrine DE GOTH, fille de Bertrand de Goth, seigneur de Rouillac, de Pierrecave, etc., et de Jeanne de Lautrec, sa première femme. Elle eut en dot 400 moutons d'or, que son père lui avait légués, et qu'Odet de Goth, son frère, s'obligea de lui payer, par acte passé à Condom le 19 décembre 1457, où souscrivirent comme garants Gailiard de Goth, seigneur de Manleyse, et Bertrand de Roquelaure, seigneur de Saint-Aubin. Bertrand de Lupé donna quittance à Odet, son beau-frère, pour partie de

DE GOTH :
d'or, à trois fasces
de gueules.

cette dot, le 26 octobre 1450. *(Hist. des Grands-Officiers de la Couronne,*
t. II, p. 177.)* Il laissa, entr'autres enfants :

1° Aimeric, dont l'article suit ;
2° Manaud de Lupé qui s'allia avec Catherine *du Lyon (du Leu)*, dame de la baronnie de Miglos, au diocèse de Pamiers. Le 1er avril 1457, ces deux époux
obtinrent du cardinal de Foix, légat *à latere,* en vertu d'un bref du pape Calixte
III, la faculté d'avoir un autel portatif, pour y faire célébrer les saints mystères.
On ignore s'ils ont eu des enfants ; mais, dès l'année 1510, la terre de Miglos était
possédée par Jeanne de Foix, épouse de Pierre de Béon, vicomte de Sère.

VI. Aimeric, nommé aussi Meric et Mérigon DE LUPÉ, seigneur de
Gensac, fut témoin de la procuration que les nobles de la vicomté de
Lomagne donnèrent, le 15 novembre 1478, pour agir en leurs noms,
dans leur cause d'appel au parlement de Toulouse, contre Gaston de Foix,
vicomte de Lomagne. *(Minutes de M. J. Comin, notaire à Lectoure.)*
Il fut nommé, en 1479, exécuteur du testament d'Agnès de Lupé, sa
tante ; et Bertrand du Bouzet, son cousin-germain, l'élut tuteur de ses
enfants, par le testament qu'il fit au Castera du Bouzet, le 28 décembre
1483. *(Arch. du château de Corné, en Armagnac.)* Le 8 octobre 1494,
il traita, conjointement avec Philippe de Montaut, *dit* de Vesins, baron
de Montaut, et Antoine d'Arbieu, seigneur de Popas, du mariage de
Pélegrine de Montaut, leur nièce, fille de feu Eudes de Montaut, baron
de Gramont, avec noble Arnaud de Belestat, écuyer, seigneur de Loup-
vielle, au diocèse d'Auch. *(Arch. du château de Montaut.)* Il avait épousé,
par contrat du 9 août 1466, Marguerite DE GUISCARD, fille de Guillaume-
Bertrand de Guiscard, IIe du nom, damoiseau, seigneur de la Coste, et
de noble Hélix de Landorre, sa seconde femme, et petite-fille de Guillaume-
Bertrand de Guiscard, Ier du nom, damoiseau, seigneur de la Coste, de
Moncuc, de Lolmie, etc., et de Marie d'Aragon. Aimeric de Lupé paraît
avoir eu, entr'autres enfants :

DE GUISCARD :
d'argent, à la bande
de gueules.

1° Jean Ier, qui suit ;
2° Guillaume de Lupé, qui vivait, le 12 mars 1516 *(v. st.),* avec noble Dauphine
Bernard, son épouse, fille de noble Jean Bernard, de la ville de Lavaur, et d'Antoinette d'Aroux *(de Ruffo).*

VII. Jean DE LUPÉ, Ier du nom, seigneur de Gensac, souscrivit, comme témoin, un acte passé à Montauban, le 6 novembre 1497, par lequel Jean, baron de Montesquiou, et Jean, son fils, reconnurent avoir reçu 2308 livres et 15 sous tournois, en déduction de la dot qui avait été constituée à Marguerite de Lomagne-Terrides, femme de ce dernier. *(Manus-*

DE MONTESQUIOU :
d'or, à 2 tourteaux
de gueules.

crits de D. Villevieille.) Jean de Lupé épousa Antoinette DE MONTESQUIOU, fille de noble Jean de Montesquiou. En 1499, en présence d'Aimeric de Lupé, son père, il donna quittance au même Jean de Montesquiou, son beau-père, pour partie de la dot constituée à Antoinette de Montesquiou, son épouse, et fournit une semblable quittance l'année suivante 1500. *(Manuscrits de M. Jault, à la Bibliothèque du Roi.)* Il eut, entr'autres enfants :

1° N.... de Lupé, seigneur de Gensac, qui eut pour fille et héritière :

Anne de Lupé, dame de Gensac, mariée par pactes accordés au château de Gensac, le 9 novembre 1566, avec Jean-Antoine *de la Roche-Fontenilles*, troisième fils de Manaud de la Roche, seigneur de Fontenilles, de Castera-Lectourois, etc., et de Catherine de Benque. Elle vécut peu de temps après ce mariage, et peut-être mourut-elle en couches de Lucrèce de la Roche-Fontenilles, sa fille unique. Son mari épousa en secondes noces, le 23 avril 1569, Jeanne du Faur de Saint-Jorry. (Voyez *le t. I. de cet ouvrage, art.* DE LA ROCHE-FONTE-NILLES, *p.* 17 *et* 20);

2° Jean II, dont l'article suit.

VIII. Jean DE LUPÉ, IIe du nom, écuyer, seigneur de Haumont, près

DE LESCOUT :
d'or, à trois trèfles
d'azur.

Beaumont de Lomagne, épousa, par contrat du 4 septembre 1529, Marguerite DE LESCOUT, de laquelle sont provenus, entr'autres enfants :

1° Jean III, de Lupé, seigneur de Haumont, qui, le 3 août 1572, traita avec Mathelin, son frère, sur leurs droits respectifs en la succession de leur père. Il épousa Jacquette *de Léon* ou *du Lyon*, laquelle, étant veuve, se fit religieuse feuillantine, et testa le 23 mai 1589. Elle fit des legs à Marguerite de Baumond, sa nièce, fille du seigneur de Pierretaillade; à damoiselle Louise de Léon, sa sœur, femme du même seigneur de Pierretaillade, Antoine de Beaumond-Touche-bœuf; à noble Jean de Léon, protonotaire apostolique, son frère, et nomma pour ses héritiers ses deux autres sœurs, Géraude de Léon, femme de noble Antoine de Saintouilh, seigneur de Rouilh, et Isabeau de Léon, femme de noble Mathelin

de Lupé, ainsi que Jacquette de Saintouilh, sa nièce. Jean IV de Lupé en avait
eu deux filles :

   A. Jacquette de Lupé, dame de Haumont, terre qu'elle porta en mariage à
   Jean-François *de Polastron.* Celui-ci lui passa procuration, le 18 mai 1593,
   pour payer aux héritiers de dame Jacquette de Léon la somme de 500 écus,
   et pour souscrire une obligation de même somme envers les religieux feuil-
   lants, dans l'institut desquels Jacquette de Léon était pour lors religieuse ;
   B. Jeanne de Lupé, légataire de sa mère, le 23 mai 1589 ;
  2° Mathelin, dont l'article suit.

IX. Mathelin DE LUPÉ, écuyer, co-seigneur de Gariès, près Saint-
Palais, transigea, le 3 août 1572, avec noble Jean de Lupé, seigneur de
Haumont, son frère aîné, et s'allia, 1° par contrat du 30 janvier 1569, avec
Jeanne YSALGUIER, fille de Nicolas Ysalguier, seigneur du Pin, qui reçut,
en 1570, une somme de 2520 livres tournois, qu'il déclara vouloir em-
ployer à payer le mariage de Jeanne, sa fille, avec Mathelin de Lupé.
(Manuscrits de M. Jault, à la Bibliothèque du Roi) ; 2° avec Isabeau
DE LÉON ou DU LYON, laquelle, étant veuve, transigea, le 2 mars 1594,
avec ses enfants ; et donna quittance, le 29 du même mois, de concert
avec noble Antoine de Saintouilh, seigneur de Rouilh, époux de damoiselle
Géraude de Léon, de la somme de 1000 écus, que leur avaient comptés
Jacquette de Lupé et Jean-François de Polastron, seigneur de Haumont,
son mari, pour leurs droits en la succession de Jacquette de Léon, religieuse feuillantine. Isabeau de Léon laissa deux fils :

YSALGUIER :
de gueules, à la fleur
d'isalgue d'argent.

DE LÉON :
d'azur, au lion d'or.

  1° Jean III, qui suit :
  2° Jean-François de Lupé, dont la postérité sera mentionnée plus bas.

X. Jean DE LUPÉ, III° du nom, écuyer, seigneur de Gariès, fit plusieurs acquisitions, conjointement avec Jean-François, son frère, les 15
février 1605 et 22 octobre 1606. Il épousa Antoinette DD CLARAC, laquelle,
étant veuve, fit son testament le 3 octobre 1635. Elle était fille de Jean de
Clarac, seigneur de Mirepoix, et de Marguerite de la Fite de Pelleporc.
Antoinette de Clarac eut, entr'autres enfants, Jean-Henri, qui suit.

DE CLARAC :
écartelé, aux 1 et 4
d'azur, au lion d'or,
aux 2 et 3 de gueules,
à la cloche d'argent.

XI. Jean-Henri DE LUPÉ, chevalier, seigneur de Gariès, épousa, par

DE CASTAING :
comme à la page 32.

contrat du 22 juin 1642, Marguerite DD CASTAING, et assista, le 1er décembre 1669, au contrat de mariage de Jean IV, leur fils, qui suit.

XII. Jean DE LUPÉ, IVe du nom, chevalier, seigneur de Gariès, etc.,

DE TARBES :

épousa, par contrat du 1er décembre 1669, Anne DE TARBES, et fut maintenu dans sa noblesse par ordonnance de M. le Gendre, intendant d'Auch, du 20 février 1700.

X. Jean-François DE LUPÉ, écuyer, second fils de Mathelin de Lupé, seigneur de Gariès, et d'Isabeau de Léon, sa seconde femme, transigea avec sa mère le 2 mars 1594, fit diverses acquisitions avec son frère, en 1605 et 1606, et s'allia, par contrat du 8 octobre 1608, avec Jeanne-

DE MELET :
d'azur, au cerf d'or.

Gasparde DE MELET, en Gascogne, dont est né François, qui suit.

DE LESPÉS :
de gueules, à la fasce
d'argent, accompa
gnée de trois roses
du même.

XI. François DE LUPÉ, écuyer, épousa, par contrat du 19 novembre 1641, Marguerite de LESPÉS, qui le rendit père de :

1° Jean III, qui suit ;
2° Charles de Lupé, seigneur de Gariès, vivant en 1697.

XII. Jean DE LUPÉ, IIIe du nom, écuyer, seigneur de la Vinasse, domicilié à Bouillac, près Grisolles, épousa, par contrat du 23 juin 1668,

DEL FAYET :
d'or, au canif de sa-
ble, emmanché de
gueules.

Anne DEL FAYET. Il se chargea par cet acte de payer la légitime de son frère. Il fut maintenu dans sa noblesse, avec Jean de Lupé, IVe du nom, seigneur de Gariès, par ordonnance de M. le Gendre, intendant de la généralité d'Auch, du 20 février 1700.

TOULOUSE. — IMPRIMERIE Ve. SENS ET P. SA
Allée Louis-Napoléon, 10 bis.